4·16구술증언록 잠수사 제3권

그날을 말하다

잠수사 공우영

4·16구술증언록 잠수사 제3권

그날을 말하다

잠수사 공우영

4·16기억저장소 기획 편집
(사) 4·16세월호참사가족협의회 지원 협조

일러두기

1. 음절로 식별 가능한 소리를 들리는 대로 전사하는 것을 원칙으로 한다.

2. 의미를 파악하기 위해 추가 설명이 필요할 경우 [ ]로 표시한다.

3. 몸짓, 어조 등 비언어적 행위는 ( )로 표시한다.

4. 구술자가 말을 잇지 못해 말줄임표를 사용하는 경우 ……, …로 길고 짧음을 표시한다.

5. 비공개 영역은 〈비공개〉로 표시한다.

6. 비공개해야 하는 희생자 형제자매의 이름은 ○○, △△ 등의 도형기호로, 생존자의 이름은 A, B, C 등 알파 벳 대문자로 표시한다.

7. 비공개해야 하는 제3자는 직분이나 소속, 성만 공개하고, 이름은 ××로 표시한다. 비공개해야 하는 숫자는 자릿수에 상관없이 □로 표시하며, 지명은 □□로 표시한다.

책머리에

　4·16기억저장소에서는 세월호 참사 5주기를 맞아 구술증언 수집 사업의 결과물 일부를 100권의 책으로 발간하게 되었습니다. 이 사업은 2015년 6월부터 다양한 학문 분야 구술 연구자들의 자발적인 참여로 진행되어 왔으며, 세월호 참사를 좀 더 정확하고 다각적으로 기록하고 기억하고자 하는 노력의 일환으로 수행되었습니다.

　2014년 참사 발생 이후, 참사 피해자들의 목격담과 경험은 안타깝게도 공식적인 국가기관과 언론의 기록 속에서 철저히 소외되거나 왜곡되었습니다. 그것은 세월호 참사가 우리에게 안긴 죽음과 고통의 충격만큼이나 우리 사회의 끔찍한 비극이었습니다. 따라서 사업을 진행하면서 세월호 참사 희생자 가족, 생존자, 생존자 가족, 어민, 잠수사, 활동가, 기자 등등, 참사의 초기 과정을 직접 경험한 분들의 증언을 우선적으로 수집했습니다. 구술자는 이 사업의 취지와 방식에 개인적으로 동의한 분 중에서 선정했으며, 참여 과정에 어떠한 금전적 보상이나 이익이 제공되지 않았습니다. 또한 구술증언 수집 사업을 진행하는 동안, 면담자는 연구자이자 참사를 겪은 공동체 시민으로서 최대한 윤리적이고자 노력했습니다.

구술자마다 매회 약 2시간씩 3회를 원칙으로 음성 녹취와 영상 촬영을 하는 방식으로 진행되었고, 증언의 일관성을 확보하기 위해 면담자는 큰 틀에서 공통 질문지를 사용했습니다. 공통 질문지의 내용은 참사와 구술자 간의 관계성에 따라 차이가 있지만, 유가족 구술의 경우 1회차 '참사 이전의 삶, 팽목항과 진도에서의 경험, 자녀에 대한 기억'을, 2회차 '참사 이후 투쟁과 공동체 활동 경험'을, 3회차 '참사 이후 개인 및 가족이 경험한 삶의 변화와 깨달음, 자녀의 현재적 의미'를 중심으로 했습니다. 이처럼 증언 내용은 참사 이전에서 시작해 참사 발생 당시의 경험과 이후의 변화 과정까지 폭넓게 수집했고, 면담자는 구술 채록 과정에서 구술자의 발화를 최대한 존중하고자 했으며, 무엇보다 각자의 특수한 경험과 다른 시각을 충실히 반영하고자 했습니다.

이 구술증언록의 발간을 위해, 채록된 음성 자료는 문서로 변환해 구술자와 함께 검토했고, 현재 시점에서 공개할 수 있는 영역과 할 수 없는 영역으로 구별했습니다. 따라서 책에 실린 내용은 모두 구술자로부터 공개를 허락받은 부분입니다. 비공개 영역은 추후 구술자의 동의를 받아 적절한 절차를 거쳐 추가로 공개될 수 있으리라 생각합니다.

이 구술증언록 100권에는 그동안 우리 사회에 왜곡되어 알려지거나 잘 알려지지 않았던, 참사 발생 직후 팽목항과 진도 혹은 바다에서의 초기 상황에 관한 중요한 증언이 포함되어 있습니다. 또한, 자녀를 잃는 잔인하고 애통한 상황을 겪으면서도 그 누구보다 강인한 정치적 주체로 성장할 수밖에 없었던 유가족의 마음과 경험을 구체적으로, 그리고 여러 각도에서 살펴볼 수 있습니다. 그외에도, 이 구술증언록은 2014년을 전후한 한국 사회의 여러 측면을 드러내는 귀중한 자료가 되리라고 생각합니다. 무엇보다 국내외의 많은 분이 이 책을 읽어, 장차 세월호 참사의 진상 규명과 역사 서술에 기여할 수 있기를 바랍니다.

구술증언 수집 사업이 진행되고, 책으로 출간되기까지 많은 분의 도움과 지지가 있었습니다. 이 지면을 빌려 부족하나마 감사의 말씀을 전하고자 합니다.

먼저 (사)4·16세월호참사가족협의회와 4·16기억저장소에 감사를 드립니다. 이분들의 신뢰와 적극적인 협조가 없었다면, 이 사업은 처음부터 시작할 수조차 없었을 것입니다. 또한 어려운 정치 환경 속에서도 사업의 취지에 공감해 재정 지원을 결정해 준 아름다운가게와 역사문제연구소에 감사드립니다. 두 단체 덕분에, 이 사업을 4년 동안 계속해 올 수 있었습니다. 그리고 구술증언록 100권의 발간에 동의하고, 바쁜 일정에도 출판 실무를 기꺼이 맡아주신 한울엠플러스(주)에도 감사를 드립니다. 이 외에도 많은 개인과 단체가 직간접적으로 많은 도움을 주시고 격려해 주셨습니다. 여기에 모두 밝히지 못하는 것을 죄송하게 생각합니다.

　말할 필요도 없이, 가장 크고 또 가슴 아픈 감사는 구술자 한 분 한 분께 드리고자 합니다. 이 책이 발간될 수 있었던 것은, 무엇보다 용기를 내어 아픔과 고통의 기억을 다시 떠올리고 장시간 진심으로 이야기를 해주신 구술자가 있었기 때문입니다. 오랜 시간 이야기를 나누며 함께 공감하기도 했지만, 그 아픔과 고통을 어떻게 가늠할 수 있을까 싶습니다. 더 큰 도움이 되지 못함을 안타까워하며, 이 구술증언록 100권의 발간이 피해자분들에게 조금이라도 위로가 될 수 있기를 기원합니다.

2019년 4월

4·16기억저장소 구술팀 책임자
서울대학교 인류학과 교수 이현정

차례

잠수사 공우영

구술자 공우영은 세월호 참사 현장에서 희생자 수색 작업에 참여했다. 베테랑 잠수사인 공우영 잠수사는 후배 잠수사들의 잠수를 돕고 바다 위에서 실무를 담당했었다. 3개월간의 현장 작업을 마치고 돌아오자 정부는 이광욱 잠수사의 사망사고를 구실로 그에게 소송을 걸었다. 그리하여 그는 2년이 넘는 시간 동안 정부를 상대로 법정 투쟁을 벌여야 했다. 이 사건은 세월호 참사를 경험했던 잠수사들에게 큰 상처를 주었다.

공우영의 구술 면담은 2017년 1월 22일, 23일, 2회에 걸쳐 총 3시간 21분 동안 진행되었다. 면담자는 임광순, 촬영자는 김솔이었다.

구술자 본인의 프라이버시나 제3자의 프라이버시를 보호해야 할 부분을 제외하고는 구술자의 발화를 있는 그대로 전사했다.

1회차

2017년 1월 22일

시작 인사말

면담자   본 구술증언은 4·16 사건에 대한 참여자들의 경험과 기억을 기록으로 남김으로써 이후 진상 규명 및 역사 기술에 기여하고자 합니다. 지금부터 잠수사 공우영 씨의 증언을 시작하겠습니다. 오늘은 2017년 1월 22일이며, 장소는 제주도 서귀포시 솔대왓펜션입니다. 면담자는 임광순이며, 촬영자는 김솔입니다.

구술 작업에 참여하게 된 동기와 의의

면담자   제주에서 이렇게 뵙게 돼서 너무 반갑습니다.

공우영   예, 반갑습니다. 먼 데까지 오시느라고….

면담자   비행기 타니까 금방이더라고요. (공우영 : 예) 인터뷰하다가 힘드시면 '좀 나중에 하자 이거는' 이렇게 말씀하실 수 있으니까 편하게 하셨으면 좋겠고요. (공우영 : 예) 주요 내용은 4·16 참사 관련이지만 저희 인터뷰는 공우영 잠수사님의 생애와 경험까지 포함됩니다. 그 부분 관련해서 먼저 여쭤볼 거고요, 인터뷰 내용은 4·16기억저장소에 보존함과 동시에 가능하면 빠른 시일 내에 책으로 출간해서 여러 사람들이 함께 세월호 참사를 제대로 기억하게 하는 데 쓰려고 합니다.

공우영   좋은 일 하시네요.

면담자   먼저 저희와 인터뷰를 하시게 된 동기부터 편하게 말
씀해 주셨으면 합니다.

공우영   동기요?

면담자   예, 처음에 어떤 분께 연락을 받으신 거죠?

공우영   글쎄, 처음에 뭐 4·16기억장친가 어디?

면담자   예, 기억저장소.

공우영   거기[4·16기억저장소] 명지대학교 교수님[김익한 교수]
이라고 한번, 그전에 김상우 잠수사가 얘기를 하더라고요. 그러다가
이제 연락이 와서 그래 가지고.

면담자   김상우 잠수사님 먼저 인터뷰하고 그다음에 연락받으
신 거예요?

공우영   예, 제가 이제 서울에 없고 대전에 사니까, 서울에 있
는 김상우 [잠수사]하고 황병주 [잠수사]하고 먼저 만나봤더라고요. 그
러면서 연락이 왔더라고요.

면담자   처음 연락받았을 때 어떠셨어요?

공우영   그런 건 뭐 인터뷰야 여기저기 많이 했으니까. 그 전
에는 거기 있을 때[수색 작업을 할 때]는 인터뷰를, 우리 그 잠수사들
한테 "언론하고 접촉을 하지 말라"[고] 내가 이제 일부러 그랬어요.
괜히 해도 우리가 욕먹고 하니까, 가족들이 우선이고 하니까는 그

런, "될 수 있으면 하지 마라" 이제 그런 식으로 하다가 나중에 우리들이 너무 코너에 몰리니까 그래서 이제 매스컴에도 알리고 그런 계기가 된 거죠.

면담자   오늘과 내일, 이틀간 인터뷰를 해서 기록이 될 텐데요, '인터뷰가 어떻게 활용되었으면 좋겠다'는 생각이 있으신가요?

공우영   그런 생각은 가져본 적이 없어요. 저희들한테는 크게 무슨 도움이 될 건 없고 차후에 봉사를 한다든가, 그런 차후에 또 이런 사고가 났을 때 그런 대처하는 데 썼으면 싶은 그런 생각이 들죠.

면담자   차후에 이런 사건이 다시 일어났을 때 지금처럼 되풀이되지 않도록.

공우영   그렇죠. 그거는 절대적이죠. 우리 같은 사람들이 또 나타나면 안 되죠.

3
출생과 성장과정

면담자   간단하게 현재 하시는 일을 소개해 주시겠어요?

공우영   현재는, 그전에 잠수를 군대에서 제대하고 계속 잠수를 하다가 이제 나이가 먹어서 잠수 일은 안 하고 수중공사 쪽의 일을 많이 하고 있어요.

면담자   인터뷰를 준비하며 궁금했던 건데요, 세월호 수색 작업 때도 총감독이라 해야 하나, 어쨌든 이렇게 하셨는데요.

공우영   편하게 부르시면 돼요, 재판도 다 끝났는데.

면담자   현재는 실제 잠수를 하시는 건 아니시죠?

공우영   잠수는 잘 안 하죠. 뭐 부득이하게 들어갈 일이 있으면 하는데 동생[후배 잠수사들]들이 와서 하면 잘하니까 그런 거는 잘 안 하죠.

면담자   지금 현장에서도 실제 잠수보다는 후배 잠수사들 작업을 관리하시는 건가요?

공우영   그런 것도 하고 작업에 필요한 거, 구조물 같은 거 만들고, 도움이 되는 그런 걸 하는 거죠. 잠수를, 안에 들어갔던 경험이 있으니까.

면담자   그러면 4·16 이전의 삶에 대해서 좀 여쭤볼게요. 고향이 어디신가요.

공우영   고향은 경기도 이천이요.

면담자   이천이요? 몇 년생이세요?

공우영   [19]55년생.

면담자   그러면 성인이 될 때까지 이천에 계셨던 거예요?

공우영   이천에서 태어나서 거기서 자라가지고 학교 다니다가, 다니고 75년도에 해군을 갔어요.

| 면담자 | 75년이면 21살 때 입대하셨네요. |

공우영 예, 예. 75년도에 가가지고 해군에 입대를 했죠, 그때.

면담자 그때는 SSU[해군해난구조대]가 아니고 일반 해군이었죠?

공우영 예, 예. 그때는 뒷집 형님이 그때 해군 상사인가? 중사인가 상사로, 우리 큰형님하고 친구인데 그 형님이 우리 부모님들한테 인사를 오셨는데 이제 거기서 나를 봐가지고, "너 뭐 하냐?" [내가] 막내[인 걸] 잘 아니까는, "논다" 그랬더니 "야, 군대나 가라" 그래 가지고 그때 계기가, 이제 그래서 군대를 가게 됐죠, 그때는.

면담자 원래는 농사짓는 집안이세요?

공우영 그렇죠. 시골에서 이제 부모님은 농사짓고, 저 어렸을 때는 농사도 많이 짓고 좀 부유하게 살았죠, 그때 당시 그래도.

면담자 형제분들은 많이 계세요?

공우영 형제들은 많죠. 7남매, 5남 2녀.

면담자 몇 째세요?

공우영 저는 막내죠.

면담자 그러면 처음에 SSU 들어갈 때 가족분들이 걱정 안 하시던가요?

공우영 저는 그런 거 얘기 안 해요.

면담자 말씀 안 하고 들어가신 거예요?

공우영　　　예, 예. 모르죠, 거기[고향]서는. 내륙지방에서는 바다에 대해서도 그때만 해도 잘 몰르고. 먹을 것도 생선도 싱싱한 게 없잖아요, 그때만 해도. 그때는 간고등어, 동태, 임연수 맨 그런 거 먹는 시절이라. 그때는 뭐 군대 가도 누가 저거 하는 사람도 없고. 바닷가 구경도 못 했는데 뭐, 저희들은.

면담자　　　그냥 집에서는 군대 보낸다는 마음이셨겠네요.

공우영　　　군대도 내가 그냥 지원해서 간 거죠. 그때 이제 아버님은 돌아가셨고 어머님만 계셨지.

면담자　　　아버님이 일찍 돌아가셨어요?

공우영　　　그렇죠. 아버님이 중학교 2학년 땐가 3학년 때 그때 돌아가셔 가지고. 좀 일찍 돌아가셨죠.

면담자　　　그럼 고등학교는 어떻게 다니셨어요?

공우영　　　고등학교 다니다가 중퇴했습니다, 그때는.

면담자　　　혹시 집안 사정 때문이었나요.

공우영　　　이제 아버님도 안 계시고 하니까 공부도 하기 싫고 그만둔 거죠. 제가 생일이 2월 달이라 좀 빨라요. 학교를 7살에 그때 당시에 들어가서 친구들이 다 54년생이고 53년생이고, 나이 더 먹은 애들은 52년생도 있고 그래요, 그때만 해도.

면담자　　　원래 체력이 좋으셨어요? 아니면 군생활을 하다 좋아지신 건가요?

공우영   어려서부터는 타고, 건강은 타고났다고 봐야죠. 부모님이 물려주셨으니까 그걸 타고났다고 봐야죠.

면담자   입대하시기 전에 지역에서 다른 활동이나 신앙생활은 안 하셨어요?

공우영   그런 거는 안 했구요. 그 전에 서울에서 정비 공장에서 좀 있다가 그러다 군대 갔죠. 그때 뭐 마땅히 배운 것도 없고 그때 당시에는.

4
해군생활과 제대 이후의 삶

면담자   75년에 군대를 가셨다고 했지요?

공우영   네.

면담자   그럼 SSU에 들어가게 된 계기를 여쭤봐도 될까요? 해군으로 복무하고 제대할 수도 있었잖아요.

공우영   해군으로 처음에는 하사관, 지금 얘기하면 부사관이죠, 하사관으로 들어가서.

면담자   원래 일반병이 아니고 하사관으로 들어가신 거였네요.

공우영   친구하고 둘이 지원을 했는데, 친구는 [일반]병으로 지원하고 나는 하사관으로 지원해 가지고, 뭣도 모르고 들어간 거죠.

그래 가지고 해군에 들어가게 돼가지고 거기서 또 직별이 보수 직별을 받아가지고, 그때 이제 SSU 부대에 가서 천해잠수[淺海潛水] 교육이 있어요, 보수 우리 직별은. 그거 받으러 갔다가 이제 거기 [SSU를] 알게 된 거지. 그리고 이제 배 타다가 몰래 지원을 한 거지, 그때 당시만 해도.

면담자   일반 하사관으로 배 타시다가.

공우영   예. 교육 다 받고 다음에 이제 배 [근무] 발령을 받아서 DD-97함이라고 거기서 발령을 받아가지고 거기서 몰래 지원을 한 거죠. 그때 당시만 해도 구타가 하도 심하니까 그래서 '아, 이거 도망가야겠다' 싶어서 글[그리]로 몰래 지원해서 들어간 거죠.

면담자   그 당시엔 SSU가 어떤 곳인지 모르시고요?

공우영   그건 몰랐죠.

면담자   자세히는 모르신 상태에서 지원을 하신 거네요?

공우영   아예 몰라, 그런 거를 모르죠.

면담자   신기하네요. SSU가 작업이나 훈련 강도가 상당히 높잖아요?

공우영   모르겠어요. 저는 지금 몇십 년 됐지만은 그렇게 힘들다고 느껴본 적은 별로 없어요.

면담자   찾아보니까 SSU 22차 기수시네요. (공우영 : 예) 22차면은?

공우영	76년도 수료.

면담자　그 당시에도 교육 기간이 상당히 길었나요?

공우영　32주, 우리는 32주.

면담자　교육과정 중에 수경에 바닷물 넣고 생활하는 것도 있던데요.

공우영　그런 거는 이제 마스크 크리닝이라고 물을 못 빼는 사람들은 물을 집어넣어 가지고 밥을 멕여요, 습관 되게끔 입으로 숨 쉬게.

면담자　그게 되게 힘들다고 들었어요.

공우영　콧물, 눈물 다 빼는 거죠. 근데 그런 거 우리 기억밖에는, 나는 힘들게 그렇게 해보진 않았어요.

면담자　차수 PT라는 SSU 전통]도 있고. 그때도 있었나요?

공우영　아유, 그때는 뭐 차수 PT나마나 그땐 더 심했죠, 구타도 심하고. 퇴교당하면은 진짜 인간 취급도 못 받을 정도로 막 그때는.

면담자　퇴교하고 돌아가면.

공우영　돌아가는 게 아니라 퇴교해 가지고 부대에서 어디 발령 올 때까지 대기하고 있어야 돼요. 거의 [사람] 취급을 못 받죠. 틀리죠[다르죠], 특수부대하고 차이가 많이 나죠, 일반 저기 하고는.

면담자　그럼 SSU에서는 몇 년도까지 계셨던 거예요?

공우영　　　　제가 81년도에 제대했어요, 6월 말에.

면담자　　　　81년 제대시군요.

공우영　　　　예, 예, 6월 말에.

면담자　　　　그럼 대략 6년 정도 하셨네요.

공우영　　　　햇수론 거의 한 7, 8년 했죠. 그때 중사 달고 그때 제대허고.

면담자　　　　제대하게 된 동기가 있었을까요?

공우영　　　　제대는 계기보다는 그때 당시에는 제대를 잘 안 시켰어요. 그때 이제 제가 구미함이라고 구조함, 지금 같으면 통영함 이런 구조함 있잖아요? 구조함을 인수 갔다 와가지고 그 배를 타고 있었는데, 거기서 이제 몰래 제대 서류를 낸 거죠, 서무장한테 시켜가지고 본부로다가 해가지고. 그래 가지고 몰래 제대한 거죠.

면담자　　　　SSU 분들도 일반 해군 배를 타시는군요?

공우영　　　　구조함에 이제 몇 명씩 타죠. [배가] 쪼그마하면 두 명타고 큰 배는 한 일고여덟 명씩 이렇게 타고 그래요.

면담자　　　　저는 부대생활을 하다가 상황이 발생하면 나가시는건 줄 알았어요.

공우영　　　　그런 것도 있고.

면담자　　　　임무가 있으면 파견되는 식인 줄 알았어요.

공우영   우리 있을 때는 구조함이 다섯 척 정도 됐었어요. 큰 게 아론이라고 거기 큰 배가, 거기도 한 뎃, 다섯 명 정도. 그다음에 창원, 구미 거기도 한 일고여덟 명씩 있었고. 다음에 티에이[TA]라고 또 거기 한두 명씩, 배 두 척 있었고 그래요.

면담자   이 당시에 결혼은 하셨던 건가요?

공우영   그때는 결혼했죠, 그때 당시에는.

면담자   몇 년 정도에 하셨나요?

공우영   80년돈가? 그래 가지고 그때 딸을 81년도에 낳았으니까, 80년도에 낳았으니까 딸을.

면담자   80년에 결혼해서 81년에 딸을 낳으신 건가요?

공우영   80년도에.

면담자   그럼 군생활 하면서 집에는 자주 못 들어가셨겠네요? 배도 타셨으니까요.

공우영   군대생활 할 때는 편하게 했어요, 운동도 좀 하고 축구도 하고 그러니까. 어디 이상하게 출동 나가게 되면 부대 무슨 대항 축구 시합이 있고 그래서 휴가 나와서 왔다 갔다 하고. 어떻게 생각하면 굉장히 편하게 군대생활을 했죠, 전.

면담자   그럼 군생활 당시부터 제대하면 잠수사를 하겠구나라고 쭉 생각하셨던 건가요?

공우영   그때는 밖에 제대하고 나가면 사회에서 다이빙하는 사람이 별로 그렇게 없었어요. 그때는 이제 재래식, 지금 얘기하면 머구리라고, 그 사람들이 다 공사하고 그래 가지고 별로 없었어요. 그때 이제 막 활성화가 되고, 몇 년 지나서 활성화가 되고 그래서, 우리 있을 땐 좀 어려웠죠. 군대생활도 교육 기간은 복무 기간도 안 쳐주고 그래 가지고 군대생활을 오래 했어요.

면담자   제대 당시에 잠수사를 하겠다는 생각을 하신 건 아닌 가 봐요.

공우영   그죠. 할 게 없으니까 그거 해서 먹고산 거죠. 어떻게 보면 부대에, 군대에 가서 기술을 좋은 걸 배운 거죠.

면담자   군생활을 75년에서 81년까지 하셨으면, 이때가 정부 에서 "총력안보" 이런 얘기 많이 할 때였잖아요, 사회적으로도.

공우영   그렇죠.

면담자   그럼 총화, 안보 이런 게 주변에 많았을 텐데요, 군생활 중에 국가와 군에 대한 자부심, 애국심, 이런 게 강하신 편이었나요?

공우영   군대생활 한 사람들은, 아무래도 좀 오래 한 사람들은 애국심이 강하죠, 다 조금은. 지금도 이렇게 나와서 보면은 군 출신 들은 아무래도 좀 보수 경향이 많잖아요, 지금도. 일부분 빼고는 거 의 다 뭐, 지금도 그래요.

면담자   그럼 잠수사님은 원래 야당 성향이셨나요?

공우영   저는 그 전에는 보수 쪽 그런 편향이 있었는데, 내가 이렇게 안 좋은 걸[국가로부터 소송과 재판] 겪고 보니까는 그게 아니더라고. 그래서 좀 바뀌었죠.

면담자   SSU 전우회 회원이시죠? (공우영 : 예) 찾아보니까 SSU 전우회 감사, 고문이시더라고요.

공우영   저요? (면담자 : 예, 예) 지금은 고문으로 있고요. 그전에는 사무국장도 하고 회장도 한 몇 년 하다가 쭉 그렇게 했었죠, 오래 했죠.

면담자   전우회 분들 만나서 정치 얘기하면 좀 어렵겠어요.

공우영   선배들하고도 얘기하죠. 그러면 그분들은 겪어보지 않으니까, 내가 이렇게 당하는 걸 알아도, 그때는 "고생한다"고 해도 자기들이 얘기할 때는 그런 얘길 안 해요, 보수 쪽 얘기[를 하지].

면담자   그거는 어쩔 수 없는 거죠?

공우영   자기 다 나름대로 생각을 가져가는 거니까 내가 뭐라 그럴 것도 없는 거지.

면담자   81년에 제대하시고 잠수사를 바로 시작하셨나요, 아니면 다른 직업을 가지셨던 건지요?

공우영   그때는 일이 별로 없어 가지고 잠수한다고 해도 일주일 일하면 또 몇 달 놀아야 되고, 막 그런 일이 많[았]아요, 사실. 다른 데 취직을 해도 취직도 잘 안되고 그러다 어떻게 또 외국, 80몇 년돈가 그때 이제 외국 나갔다 왔죠, 83년, 84년돈가 사우디 그때. 이제 거기서 한 1년 6개월 있다 들어와 가지고 그 후로는 일들이 좀 많았었죠, 군에도 잠수 일이.

면담자	계속 산업잠수를 하신 거죠?

공우영	그렇죠.

면담자	수중 공정, 용접 이런 작업들?

공우영	부두도 만들고 구조물도 하고 다 하지.

면담자   잠수사 중에서 젊은 분들은 페리호 참사, 성수대교 참사 등에 투입되었던 분들이 계시더라고요. (공우영 : 예) 공 잠수사님은 참사 수색이나 구조 작업에 나가셨던 적이 있나요?

공우영   제대하고 나서는 천안함 거기 갔다 오고요, 그다음에 서해 페리호 할 때는 그때 다이빙[을 군에서 해서, 저는] 밖에서 [해야] 한다고 그때는 못 갔죠, 그때 군인들이 다 했으니까 수심도 얕고. 그때 당시에 민간 잠수사들 가면은 뭐 금방 하죠, 몇 명 안 가도 되는데.

면담자   김상우 잠수사님 말씀 들어보니 작업이 빨리 끝났다고 하더라고요.

공우영   그렇죠. 그때 당시에는 군인들 하는 거보다 우리가 갔으면, 민간 잠수사들이 했으면 아마 더 빨리했을지도 모르지.

면담자	세월호 참사 때도 SSU나 군 잠수사들이 투입되었었나요?

공우영	예, 예. 투입됐죠, 걔들도.

면담자   언론에서는 주로 해경이나 민간 잠수사 이야기가 많아서요.

공우영   아뇨. 걔들 [SSU 잠수사들도] 고생 많이 했죠, 걔들도.

면담자　　　다 후배들이고.

공우영　　　그렇죠, 다 후배죠. 한참 후배들이죠, 걔들은. 걔들은 처음에는 장비를 스쿠버를 했어요, 스쿠버를 걔들이 공기통 메고. 우리가 이제 바지를 갖다 놓고, 쪼그만 바지, 첨에는 했는데 그때 당시에는 같이 못 하고, 언딘 리베로호 왔을 때는 이제 우리 바지에 올라와서 걔들도 이제 저거, 호스 다이빙을 한 거지.

면담자　　　그럼 공우영 잠수사님이나 다른 민간 분들이 오신 다음부터 바지에서 공기 투입되는 호스식 잠수로 바뀐 건가요?

공우영　　　그렇죠. 그것도 어디다 해놓을 데가 없으니까, 걔들, 보트 타고 그렇게 작업을 못 하잖아요.

면담자　　　그렇죠. 그럼 천안함 이전에는 따로 수색 작업을 안 하셨던 거죠?

공우영　　　그거는 없었어요.

면담자　　　예, 천안함 때도 유성개발, 해양개발공사, 88수중개발 이렇게 세 개 회사가 참여했더라고요?

공우영　　　우리하고 88하고 같이 하고요. 해양개발은 따로 이제 함수[군함의 머리 부분], 따로 하고 그랬어요.

면담자　　　제가 잘 몰라서 여쭙는데요, 수중개발이라는 회사들이 한국에 적은 편인가요?

공우영　　　많아요.

면담자	아, 많기는 하군요.

공우영   많죠, 지금 엄청 많아요.

면담자   회사 수가 많지만 규모들이 작은가 봐요.

공우영   다 작아요, 크진 않고. 거의 다 작은 회사들이고 개인, 개인 업체들이니까 거의 다 작지. 중국마냥 걔들은 정부에서 이렇게 하는 그런 저기가 있으면 괜찮은데, 우리나라는 그게 없잖아요. 해군, 해군하고 해경에서 해봐야 걔들도 스쿠버밖에 안 했거든, 그 전엔. 그러니까 그런 작업은 못 하지.

면담자   그럼 제대하면 보통 잠수 관련 개인 사업을 하는 식인 거죠?

공우영   하다가 키워지면은, 장비 이제 뭐 크레인, 바지 같은 것도 사고 그리해서 키워나가는 거죠.

면담자   그러면 천안함 때는 어디에서 연락받고 계약을 하신 건가요?

공우영   천안함에는 88수중[개발] 거기에 정성철 사장이 우리 부대 선배예요. 그 선배라 그분이 이제 연락이, 해군에서 연락이 와 가지고 백령도니까 인천에서 가는 게 가찹잖아요[가깝잖아요], 부산서보다. 그래 가지고 우리한테 연락이 와서 그래가 같이 하기로 한 거죠.

면담자   그때는 잠수를 하셨나요?

공우영   저는 그때 잠수는 안 했죠.

면담자   그럼 후배나 동료분들이 잠수하셨나 봐요.

공우영   위에서 잠수하는데 제가 거의 총괄하다시피 그렇게 하고, 챔버[체임버, chamber: 잠수 시 몸속으로 들어간 질소를 몸 밖으로 빼내는 장치] 보는 사람 따로, 또 그담에 와이어 리딩[와이어를 고정하는 일] 해놓은 사람 따로 그렇게 해가지고 파트를 나눠서 그때 했죠.

면담자   천안함 인양 작업 하시면서 생긴 트라우마나 이런 건 없으셨나요?

공우영   그때는 피해자가 거기도 많죠, 40몇 명인가?

면담자   배 안에.

공우영   그니까 배 안에 많는데, 우리는 시신을 수습하는 게 아니고 배를 인양해서 들어가, 계약이 돼가지고, 인양할라면 이제 와이어 걸고 준비를 해야 될 거 아니에요? (면담자 : 예) 그 하는 과정에서 한 다섯 명인가? [희생자] 몇 명을 우리가 찾아서 줬어요, 작업하는 도중에.

면담자   아, 인양 작업 과정에서도 그럴 수 있겠네요.

공우영   예, 예.

면담자   그럼 배에서 시신이 올라오는 건 그때 처음 보신 거 아닌가요?

공우영   아이, 그 전에도 봤죠. 옛날에도, 군대 있을 때도 보고. 그런 작업은 많이 하죠. 밖에 제대하고 나와서도 사우디[아라비아]에서도 보고, 작업은, 그런 작업은 저거 해서 안 나가고 개인적으로 나가는 거예요, 회사에서 "가라" 그러면 해주는 것도 있고. 그런 게 많죠. [세월호 참사처럼] 그렇게 많은 사람은 처음이죠, 그렇게 많은 사람은.

5
진도에서의 경험

면담자　　　그러면 4·16 참사의 그날로 돌아가서요. 4월 16일에 참사 소식은 언제 어디서 들으셨나요?

공우영　　　4월 16일 날 아침에 제가 사무실에 있는데 언딘에서 이제 그 누가 전화 왔는지 정확하게, 장병수[언딘 기술이사]인가 누가 아마 전화 왔을 거예요, 우리[유성수중개발] 이대권 대표한테 전화가 와가지고, "거기 저 배가 침몰됐으니까 인양을 하러 가자" 그래 가지고, "그 큰 배를 어떻게 건지냐?" [그랬더니] "우리가 못 하면은 외국 애들이 들어와서 다 돈을 가져간다" 이러는 거야. 그래서 "바지를 갖다 놓고 바지에서 이렇게 와이어를 체결해 가지고 양쪽 윈치[winch: 권양기]로 해서 땡겨 올리면 된다"고, 간단한 그런 작업이 "그렇게 할 거"라고 하면서 얘기를 해주더라고. "야, 그러면 가능하겠다" 이래 가지고 "그러면 가자" 그래 가지고 가게 된 동기가 그렇게 돼서 간 거죠.

면담자　　　그때는 인양 작업이라고 생각하셨던 거죠?

공우영   예, 예. "전원 구조 다 됐다" 그러더라고요 처음에는.

면담자   오보 나고 그랬을 때네요.

공우영   예. 우리는 텔레비전, 사무실에 TV도 없고 하니까는 못 봤는데 나중에 방송으로, 인터넷으로 보고 그러니까 난리 났더라고요, "전원 구조, 어이구야 다행이다, 그 많은 사람들" [했더니].

면담자   그러면 4월 16일에 바로 내려가셨던 건가요?

공우영   4월 16일인가 17일인가 아마 내려갔을 거 같은데, 확실히 정확하겐 모르는데.

면담자   제가 구조 작업 과정을 잘 몰라서요. 언딘에서는 유성수중개발에만 연락을 하는 식이었나요? 아니면 몇 개 회사를 묶어서 같이 가는 건가요?

공우영   우리한테만 연락 왔죠. 언딘에서 "우리하고 같이 인양을 하자"고.

면담자   원래 인양 작업이 이렇게 한 회사랑 같이 해서 가는 식이에요?

공우영   그런 것도 있고…. 그런데 수심도 있고, 그다음에 또 외국의 장비를 빌려 올라면 우리는 그런 능력이 안 되고, 기술이 있어도 그런 능력이 안 되니까, 얘들이 이제 같이 하자 그래 가지고 그때 하게 된 동기가 그렇게 된 거죠.

면담자   그럼 내려가서서 진도 팽목항 근처에 숙소를 잡으신 건가요?

공우영   아니 그때 언딘 애들이 목포에다가 모텔을 잡아놓고 있더라고요. 그래서 내려가서, 그때 16일 날 밤인가 하여간 도착하니까 늦게 도착했어요. 그때 [서산시] 대산에 우리 작업이 있어서 거기 준비를 다 해주고 내가 내려갔거든요. 평택에서 들러서 거기서 준비해 주고 사람 수배 다 해주고 그리고 이제 나는 내려갔는데, 내려가서 그때 12신가 1신가 몇 시에 그때 장병수하고 언딘 사장하고 처음 만난 거죠. 만나가지고 얘기 들어보고, 그리고 고 이튼날 거기 들어가기로 했는데, 거기를 갔어요. 갔는데, 팽목항을 갔는데 아따 정신이 없더라고, 막 새벽인데도. 근데 새벽에 어디 가서 어떻게 배를 탈 줄을 몰라서 가서 왔다 갔다 하다 그냥 도로 왔어요. 와가지고 고 이튼날인가 저거 해가지고, 뭐 지금 가물가물하네, 고 이튼날 17일 날인가 18, 아니 18일 날이구나. 18일 날인가 17일 날 내가 내려갔나 봐. 전광근이한테 자꾸만 전화가 오는 거예요, "형님, 빨리 오라"고. "왜 그러냐?" 그랬더니 "지금 여기 우에가[위에가] 난리" 났대요, 막. 잠수도 못 하겠대 겁이 나가지고, 하도 엉망이라.

면담자·   전광근 잠수사님이 먼저 진도에 가셨던 거예요?

공우영   쟤는 17일 날인가 아침 일찍 가고 나는 이제 내려가면서 전화로 막 통화하고···. 그러면서, "정신없다"고 이걸 하면서, "이거 뭐 체계도 안 잡혀 있고 막 불안해서 일을 몬 하겠다" 이거지, "다이빙을 몬 하겠다"고, "그러니까는 빨리 오라" 그래. "야 뭐 준비를 해야 가지, 이 사람아. 어떻게 별안간에 가면 뭐 손만 가서, 맨몸만

가면 어떻게 다이빙을 하냐? 장비도 쭉 다 준비하고 해야지". 그래서 17일 날 내가 아마 내려갔나 봐. 준비해서 저녁에 늦게 도착했다가, 18일 날인가 광근이가 그때 밖에 나와서 같이 만나서 저거 하다, 19일 날 언딘이 "[경남] 고성에 바지가 있다" 그래서 그걸 보러 갔다? 보러 가가지고.

면담자 　다시 고성으로 가신 거예요?

공우영 　예, 경남 고성. 고성에 가가지고 바지를 거기서 제작을 하고 있더라고. 근데 시설이 돼 있는 것도 없어요. 그래 가지고 "거기서 필요한 거, 우리가 잠수할 때 필요한 거를 조목조목 다 적어서 그거를 뭐 거기다 시키라" 그래서 해주고 그리고 거기서 하룻밤 자고 넘어왔지. 19일 날, 19일 날인가 20일 날인가 정확하게 기억이 안 나요.

면담자 　지금 말씀하신 과정에서 해경 쪽에서 돕거나 이런 건 없었나요.

공우영 　아, 그거는 없었죠. 해경하고 언딘하고 무슨 얘길 했는지 그거는 모르지마는 우리는 언딘하고 이제 얘기가 돼서 한 거지. 실질적으로 해경에서 우리한테 이래라저래라 한 건 없어요, 그때는.

면담자 　그럼 처음엔 인양 작업으로 생각하고 가셨는데요, 도착하자마자 이게 인양 작업이 아니구나 하고 느낌이 오셨나요?

공우영 　아니 내려가서 사망자가 뭐, 내려가는 도중인가 아침인가 그래 가지고 "사망자가 300몇 명, 400명" 막 이러더라고요. 그래서, 뉴스를 듣고 가니까, '야, 이거 큰일 났다. 인양보다는 이거 실종자 시신 먼저 수습을 해야 되는, 된다'고 생각을 한 거지. 그리고 거기서 제 생각에는 '한 70프로, 80프로, 야 이거 조류도 세고 저거 한데 시야도 없고, 그 큰 배에서 7, 80프로만 수습을 해도 성공이다'고 나는 혼자 그렇게 생각을 했죠.

면담자　　　저처럼 평범한 사람들은 참사 수역이 맹골수도고 조류가 세다는 걸 기사로만 보잖아요. 잠수생활을 오래하셨으니 경험도 많으실 텐데요. 그곳이 얼마나 조류가 센 편인가요?

공우영　　　거기 심하죠, 거기도요. 우리나라에서 손꼽히죠, 거기도. 최고 센 데가 진도 울돌목인가 거기가 엄청 세잖아요. 거기도 그렇고 김포, 김포도 세고. 고 담에 백령도 거기 그 뭐라 그러나, 거기도 인당수 쪽인가? 그쪽에도 엄청 세거든요, 우리 그때 그 천안함 할 때도. 여기도 한 서너 번째 들어가요, 맹골수도도.

면담자　　　맹골수도에 들어가면, 조류가 세다는 게 몸이 붕붕 날아다니고 그런 건가요.

공우영　　　조류 셀 땐 못 붙어 있어요.

면담자　　　어딘가 잡을 수도 없나요?

공우영　　　줄을 이렇게, 우리가 이렇게 바지하고 배하고 이렇게 매놓잖아요. 그러면 그걸 잡고 못 견뎌요, 떠내려가요. 그래서 조류 세서 외국 애들은 안 해요, 그런 조류 센 데는.

면담자   앞도 보이지도 않고요.

공우영   예, 시야도 안 나오고. 우리 갔을 때 처음에는 시야도 안 나오고, 여름 되니까 쪼끔 위에 24미터, 그 위에는 좀 나오더라고 시야가. 근데 사리 때는 안 되고….

면담자   구조 작업에 들어가면서, 아까는 바지선 위에 장비도 없다고 하셨잖아요. 그럼 처음에 가져갔던 바지선이 어떤 건가요?

공우영   처음에 제가 갔을 때는, 그때 애들 얘기 들으니까 광근이 걔들은 처음에 해경 경비정 타고 하다가 그 줄이 막 터지고 그래서, 걔들이 욕을 한 게 "바지를 하나 대라" 그래서 금호샐비지 배라고 조그만 거 있어요. 크레인 100톤 정도 얹혀져 있고 바지가 쪼끄만데 거기서 다이빙을 하더라고, 가니까.

면담자   최초로 바지선을 설치한 게 언제였나요?

공우영   그게 19일인가 20일인가 아마 됐을걸요?

면담자   그것도 민간 바지선인 거죠?

공우영   그렇죠.

면담자   해경에서 가져온 바지선이 설치된 것은 언제쯤이었나요?

공우영   아니, 해경 애들은 없어요, 그런 바지. 그 바지를 갖다 놓고 그 위에서 컴프[레서] 하나 갖다 놓고 걔들이….

면담자   언딘 바지선이 오기 전 이야기죠?

공우영   그렇죠, 오기 전에. 언딘 바지는 23일 날 왔고. 그거 [금호 바지]는 20일인가? 20, 19일인가 20일 날 아마 온 거 같더라고.

면담자   아까 그 바지선 이름이 뭐라고 하셨죠?

공우영   금호샐비지라고.

면담자   그럼 바지선 위에는 아무것도 없었나요?

공우영   아니요. 이게, 이게 바지면 여기 크레인 하나 있고, 크레인이 있고 이쪽에 하우스 해가지고 선실 그런 게 있고. 쪼끄매요, 그거는 좀.

면담자   대략 몇 미터 정도 크기인지 기억나세요?

공우영   폭이 한 14미터에 길이가 한 30 한 몇 미터 될라나?

면담자   작네요, 진짜.

공우영   네 엄청 작아요, 그거는. 17미터에 십, 30몇 미턴가? 확실히 정확하게는 모르는데.

면담자   대략적으로.

공우영   예, 예.

면담자   크레인은 원래 바지선마다 다 있는 거예요?

공우영   장착돼 있는 게 있고 그냥 평바지 있는 게 있고 그래요, 틀려요[달라요].

면담자   그럼 수색 작업을 위해 크레인을 일부러 설치한 건 아닌 거죠?

공우영   아, 원래 거기 장착이.

면담자   원래 크레인이 있던 바지인 거죠?

공우영   그 아마 언딘에서 그쪽에서 같이 그것도…, 구조, [해양]구조협회 그거 "걔들도 등록이 돼 있다"는 거 같더라고.

면담자   그럼 언딘 바지가 오기 전에 22일까지 4, 5일 정도. 그때는 수색 작업 하는 인력이 얼마나 있었나요?

공우영   우리 처음에 나갔을 때는, 나갔을 때 처음에 갔을 때가 이제 광근이하고 김순종 씨, 이상진이, 백인탁이, 황병주…. 한 일곱, 여덟 명 됐을까? 그때 당시에.

면담자   그때에도 일고여덟 명밖에 안 계셨네요.

공우영   금호 바지에 올라가서 했을 때는 한 일곱, 여덟 명밖에 안 됐어요. 그러다 자꾸만 늘어나서 한 20몇 명 된 거죠.

면담자   그 당시가 해경에서 레포츠 다이빙 하는 민간 잠수사는 바다에 못 들어가게 했던, 그 시기가 맞지요?

공우영   그때 그런 거 같더라고. 근데 그거, 그거는 언론에서 잘못된 거, 그 사람들이 잘못 안 건데, 내가 갔을 때는 금호 바지 위에 유가족이 있었어요. 유가족이 두 명이었었는데 나중에 알고 보니까 한 명은 아니더라고.

면담자   유가족이라는 한 분은 기억나시나요?

공우영　　　이름은 기억이 안 나고 거기 "어디 조선손가 어디에 있던 사람"이라 그러더라고. 그러고 지금 한 사람은 유호근이라고 유경근 대책위원장 동생인데 그 사람이 쫓아[내]요, 오면은. 그 해경 애들도 못 말려요. 그 사람들 다 올라오면, 배에 올라오면 정신없으니까, [유호근 씨가] "잠수사들한테 물어봤다" 그러더라고. "저런 사람들 와서 다이빙하냐?"고 이제 물어보고, "안 된다" 그러면 탁 쫓아내 버리고, 그 사람들이, 해경에서 쫓은 게 아니고.

면담자　　　바다에 들어갈 수 있는 잠수사하고 아닌 잠수사를 구분하는 건 당연히 했어야 하는 작업인가요?

공우영　　　그거는 왜냐하면요.

면담자　　　레포츠 다이버는 바다에 들어갈 수 없는 사람들인 거죠?

공우영　　　스쿠버 갖고 와서 뭘 합니까? 그 사람들 와가지고 사고만 나지. 근데 그 사람들은 자기들은 "아니다"고 그러는데, 우리가 볼 때는 뭐 그 사람들 어떻게 산업 다이빙 했는지 안 했는지도 모르고, 레저로다가 스쿠버만 하던 사람들을 어떻게 집어넣냐고, 못 집어넣지.

면담자　　　그럼 해경은 일고여덟 분의 잠수사가 작업할 때 지원 업무만 했었나요?

공우영　　　지원도 안 해줬어요. 걔들이 지원한 게 뭐가 있어요, 하나도….

면담자　　　아까 군 잠수사나 해경 잠수사도 같이 들어갔다고 말씀하신 거 같은데요.

공우영   아, 그때 당시엔 안 들어갔어요.

면담자   그때는 아니었군요.

공우영   안 들어갔어요, 그땐.

면담자   그럼 딱 일고여덟 분 민간 잠수사분들만 계속 들어갔다 나왔다 하시고.

공우영   처음에 그거를 어떻게 됐냐 그러면, 19일 날인가 내가 고성을 가면서 전화를 받았어요. 이름이, 윤덕규라고 인천에 사는 해병대 나온 앤데, 걔한테 전화를 받았어요. "이사님, 이거 시신을 확인했다" 그러더라고 나한테. 그래서 "야 인마, 그러면 유리창을 깨고, 인마 데리고 나와야지 왜. 그거 새끼야, 확인하고 그걸 못 데리고 나왔냐?" 그러니까는 "유리창이 안 깨진다" 이거야 때려도. 걔들은 그래 가지고 "왜 안 깨져 인마, 그걸 망치로 갖고 들어가서", 망치 들고 가서도 못 깨더라고 걔들이. 그래 가지고 시신만 그때 유리창, 현창[선박 측면의 동그란 창]에[서] 확인만 하고 고 이튿날인가 날씨가 나빠서 철수를, 걔들이 철수해 버렸어요.

면담자   윤덕규 잠수사 님이 최초로 시신을 확인한 건가요?

공우영   아니 그 "같이 간 애가 봤다" 하더라고.

면담자   같이 내려갔던 잠수사가?

공우영   예, 예. 나하고, 내가 직접 통화를 나한테 했는데, 걔가 나하고 우리 사무실에, 우리 일도, 회사 사무실 일도 자주 하고 그래서 알거든요. 그때 이제 나한테 얘기를 한 거지, 걔가 전화를 와 가지고. 그래서 나한테 뭐 잔소리만 들었지 "이 새끼, 그런 것도 못 깬다"고. 그러고 나서 고성을 가고 있는데 언딘에서 연락이 왔어요. 언딘에서 연락이 와가지고 해경에서 연락이 왔대, "기름이 많이 뜨 니까 다이버를 빨리 좀 투입 좀 시켜달라"[고]. 그래서 그때 이제 김 순종 씨한테 전화를 했어요. 해가지고, "형, 어디냐?" 그랬더니 "이제 진도, 목포로 들어온다" 그러더라고. "빨리 돌려서 배에 좀 들어가 라. 지금 기름이 뜬다고 막 거기서 연락이 왔다"고 그러니까.

면담자   기름이 뜬다는 게, 배에서 기름이 올라오는 거죠?

공우영   기름이 막 올라온다고 이제. 그래서 다시 들어갔어요. 들어갔는데, 그때 당시에 김순종 씨하고 이상진이하고 몇 명, 백인 탁이하고 몇 명 이렇게 들어갔어요. 그래 가지고 그날 저녁인가 밤 인가 고 이튿날 아침인가 새벽인가 유리창 깨가지고 처음 그때 올린 거예요, 이상진이하고 김순종 씨가 거기서 그때 당시에.

면담자   잠수를 일고여덟 분이 한다고 해서 모두 다 같이 들어 가는 게 아니잖아요?

공우영   두 명씩 들어가요, 교대로. 호스가, 이게 하나에 컴프 [레서]가 20몇 리터니까 여럿이 못 들어가요, 용량이 작아서. 두 명이 들어가는 거지, 두 명이.

면담자   두 명이 한 팀으로 들어갔다가 교대하는 식이죠?

공우영　　두 명이 들어갔다가 하고, 하고 올라오면 또 두 명이 또 들어가고 그런 식으로.

면담자　　그분들은 모두 민간 잠수사셨던 거고요.

공우영　　그렇죠, 해경 애들은 밖에서 그냥 있었고. 걔들은 저것도 안 해주고.

면담자　　언딘 바지가 오기 전에는 금호 바지만 있던 거고요.

공우영　　그렇죠, 하나만 있었죠. 그 데크[덱, 갑판]가 막 질질 끌리고 그래 가지고, 다시 놓고 막 이러고 작업하고 그랬어요.

면담자　　유가족은 한 분이 바지 위에 계셨고요.

공우영　　유가족은 배에 같이, 우리하고 같이 있었고, 거기 있었고…. 그 사람도 고생 많이 했지, 호근이하고 그 사람들도. 추운데서 그냥 막 밥도 못 얻어먹고.

면담자　　그런 부분을 여쭤보고 싶은데요. 언딘 바지가 오기 전에는 잠수사도 적은데 작업 후에 식사나 휴식을 어떻게 하신 건가요?.

공우영　　식사는, 들어서 아셨겠지만 그때 식사를 우리 걸 갖고 왔다 해서 먹을라 그러면 없어요, 도시락이. 누가 다 가져가서 먹는지 없어. 근데 이제 거기 배에서 크레인 기사하고 배 관리하는 사람이 두 명이 있어요. 자기들 밥을 해요, 밥을 해 먹어 그 사람들이. 거기 하는 김에 우리 밥을 같이 해주는 거야, 그 사람들이, 하는 김에. 거기서 조금씩 얻어먹어 밥을. 해경 애들이 갖다주는 게 없다니까 우리한테 하나도. 해경에 있는 분들 하나는, 누구는 그놈은 와서 계속 얻어먹고 그랬는데…, 지들이 다 해주고 해야 되는데.

면담자   그땐 언딘 바지, 88[수중개발] 바지 모두 없었을 때죠?

공우영   그렇죠. 23일 날 언딘 리베로호가 들어와서 거기다 세팅을 하고, 세팅하고 나니까 해경 측에서 연락하는 게 우리보고 "A조 B조, 두 개 조로 들어가라" 그러더라고요. 뭐 사람이 있어야지 사람이, 우리가 사람이 없는데. 그래 거기서 이제 같이 들어온 애들하고, 언딘 리베로 오면서 들어온 애들 해가지고 해서 그게 한 20여 명 되더라고. 한 개 조밖에 안 되는 거야, 그게. 그래서 해경에 있는, 제 후배죠. 후밴데, 우리 부대 후밴데 이철수라고 하나 있어요. 걔한 테 내가 그랬지. "야, 느그 해경에 여기도 보면 우리 출신들도 많고 산업 다이빙 한 애들도 있다, 후카 [방식 잠수]한 애들. 걔들보고 넘버투 다이버 좀 하자, 같이 하자" 그러니까 "아이 형님, 고맙습니다" 그러더라고, 나한테. 내가 직접 얘기하니까, 즈그들은 할 게 없거든.

면담자   근데 왜 해경들은 할 게 없는 거예요?

공우영   스쿠버 가지고는 안 되니까. 그리고 걔들도 또 위험해서 안 들어가더라고.

면담자   민간 잠수사들은 공기통 말고 위에서 호스를 연결해서 잠수했잖아요.

공우영   예, 예.

면담자   해경은 그런 장비가 없는 건가요?

공우영   없어요. 옛날엔 다 있었는데, 걔들도 심해잠수 장비까지 있었는데 그게 사고도 안 나고 저거 하니까 없애버렸다고, 그게. 옛날에 있었어요. 내가 그때 그 외국에 독일이나 어디 유럽 그런 데 가서 교육도 받고 그랬는데.

면담자   그럼 이후에 해경이나 군 잠수사들이 같이 들어갈 때 썼던 장비도 민간 장비예요?

공우영   아니. 해군은 국가, 자기들 거고, (면담자 : 네) 해경 애들은 스쿠버 장비는 자기들 거고. 우리는 우리 장비 갖고 간 거고. 걔들한테 얘기를 해서 그래 가지고 걔들이 첨에는 얘기를 하니까 몇 명이 안 오더라고, 지원해서 넘버 투 다이버, 후카로 해서 들어가자니까. 그래서 내가, 그때 해경 애들이 와주더라고, 그래서 내가 얘기를 했지. "후카로 하나 스쿠버로 하나 똑같다. 더 안전하다" 이제 그거를 설명을 해줬더마는 그때서부터 지원자가 늘어나서 인원이 좀 많아진 거죠.

면담자   후카가 위에서 달고 내려가는.

공우영   예, 예, 호스 달고.

면담자   공기호스를 위에서 달고 내려가는 게 후카네요.

공우영   근데 우리나라 이제 그걸, 외국에서 보면 그건 장비로 취급도 안 하는데….

면담자   왜요?

공우영   농약 호스 있잖아요, 농약 이렇게 주는 호스. 거기다가 연결해서 우리가 그걸[잠수를] 하거든요. 그게 원래 잠수 호스가 아니라, 잠수 호스로 나온 게 없었어요. 지금은 이제 나오고 그러는데 옛날엔 그게 없었어요.

면담자 잠수 때 호스가 잘 끊어진다 들었는데 그게 농약 호스예요?

공우영 예. 그게 그래도 100킬로까지 압력은 받아요.

면담자 컴프레서로 호스에 공기를 넣어주는 거죠?

공우영 컴프레서로 압력을 해서 한 10몇 킬로를 계속 넣어주고, 고 다음에 네브레다[레귤레이터]로 고압을 저압으로 바꿔주는 장치가 있다고. 그래서 사람이 숨 쉬면 혹 하면은 공기가 나오고 뱉으면은 공기가 안 나오고 그런 장치가 네브레다.

면담자 다른 잠수사님 인터뷰 보니깐 미군인가 어디에서 자기들은 "못 들어간다" 해서 안 들어갔단 얘기가 있더라고요.

공우영 글쎄요, 그거 온 거는 저는 못 봤어요. 미군 애들 온 거는. 미군 애들은 그게 또 "조류 센 데는 안 들어가고 시신 이런 작업은 잘 안 한다" 그러더라고. 보진 않았는데, 그런 말이 있더라고.

면담자 그럼 언딘 바지가 온 뒤에 그쪽으로 옮기신 거죠?

공우영 그렇죠.

면담자 그럼 언딘 바지는 금호 바지보다 많이 큰가요?

공우영 크죠. 폭이 20, 24미터인가 20미터인가 되고 길이가

60미터인가 되니까 엄청 크죠, 굉장히 큰 바지지.

면담자   그럼 시설도 그만큼 좋았나요?

공우영   시설은 안 돼 있었어요.

면담자   시설은 없었어요?

공우영   시설은 이제 하우스 해놓고 가까스로 막 침대 몇 개 넣고 잘 수 있는 거 하고, 부엌 같은 거 돼 있지 않고, 샤워실 시설만 해가지고 그러고 온 거예요. 장비 이제 잠수 장비하고 뭐 이런 거 싣고 컨테이너 몇 개 싣고 이렇게.

면담자   사진을 봤는데, 바지선 위에 쉴 공간이 안 보이더라고요.

공우영   숙소가, 관리하는 사람들 있어요 또. 배 관리하는 사람들, 언딘 직원들, 직원들 몇 명, 직원들도 한 10몇 명 되는데 걔들도 다 컨테이너에서 자고 막 그랬어요. 없어 가지고 막 창고에서 자고….

면담자   제가 통상적인 구조 작업을 잘 몰라서요. 하루에 잠수를 서너 번은 하는 건가요?

공우영   그 당시에요?

면담자   예, 그 당시에.

공우영   와, 그 당시에는 하루에 보통….

면담자   물때가 네 번이죠.

공우영   물때가 네 번을 다 봤어요, 보통 6시간마다 한 번씩 오는데. 그때 당시에는 사람이 없으니까, 하루에 뭐 세 번 들어간 사람도 있고 네 번, 다섯 번 심지어 다섯 번 들어간 사람도 있고 그래요.

면담자   그럼 통상적인 산업잠수나 평상시에는 얼마나 잠수를 하시나요?

공우영   그거는 이제 그런 24미터 같으면 하루에 한 몇 번 들어가는데, 근데 그거를 야간에는 안 하지. 물때 그런, 물 셀 때는, 정조 때만 작업하고, 안 해요 낮에도.

면담자   일반적인 산업잠수는요?

공우영   예, 밤에는 안 하죠, 야간작업은.

면담자   세월호 작업 때는 밤에도 들어가셨고요?

공우영   24시간 한 거지 쉽게 얘기해서. 24시간 하는데 틈틈이, 6시간에 틈틈이 잠깐 자고 밥때 되면 밥 먹고 또 잠깐 쉬었다가 들어가고. 그러니까 나중에는 막 피곤해 가지고 전부 다 얼굴들이 다 누렇게 떴더라고.

면담자   물때 한 번에 몇 시간 정도 작업이 가능한 거예요?

공우영   사리 때 조금 저거 할 때 거의 보통 1시간 정도를 할 수 있거든요, 1시간에서 1시간 반. 고담에 이제 조금[밀물과 썰물의 차이가 적은] 때는 또 시간이 많을 때도 있어요, 어떤 때는. 물이 희한하게 돌아가지고 이게 흐름이 이렇게 이렇게 가다가도 이렇게 돌아서 이렇게 또 하면서 물이 조류가 별로 안 셀 때는 거의 한 6, 7시간

한 적도 있는데 한번은, 거기서.

면담자   작업할 수 있는 시간이 많아지는 건 다행이지만 그만 큼 잠수 시간이 늘어나는 거잖아요.

공우영   그럼 사람이 죽는 거지. 피곤하지, 그만치 쉬어야 되는데 쉬지도 못하고. 또 안 하면은 해경에서 연락 와서 "가족들이 TV 보고 있다고 빨리 들어가라"고.

면담자   해경이 지원은 없었는데 지시는 계속 내렸네요.

공우영   지원을 해주는 게 없어요, 걔들이. 실질적[으로는] 배 태워다 주고 그런 거 하는 것밖에 없고.

면담자   지원은 안 하는데 명령은 하는.

공우영   거의 명령이죠, 뭐. 가족 핑계 대는 거지, 자기들은. 몰라, 지금 와서 생각하면 가족 핑계 대는 것 같더라고. "가족들이 모니터 다 보고 있으니까 빨리해라", "파도 치고 조류 센데 안 된다" 그러면 자기들이 "책임진다"고 "하라"고 막 그런 식으로 얘기하고.

면담자   해경과도 수시로 연락을 주고받으셨나 봐요.

공우영   걔들이 상주해 있으니까요, 거기가.

면담자   해경 담당자가 있었나요? 민간 잠수사는 누구와 연락해야 한다든가.

공우영   그런 거는 정해져 있지 않구요.

면담자   그런 게 정해지지도 않았어요?

공우영   예, 예. 난 그때 당시에도 누군지 모르죠, 몰르고. 우리 있어도 후배들은 아는데, 거기에 나와서 있는 사람이 저 사람이 뭐 하는 사람인지 계급이 뭔지 잘 몰라요, 누가 누군지.

면담자   자기가 누구다, 내가 책임자니까 연락해 달라 이런 것도 없고요?

공우영   예. 해경이, 해경이래도 후배들이 또 있어요.

면담자   예, 예.

공우영   그런 애들이 얘기해 주고…. 주로 있는 사람이 김석균이도 나와 있었고. 지금서 이제 알아서 하는 소리지마는, 서해 서장, 걔가 이름이 뭐라고…. 서해 서장[해경 서해청장 김수현]도 걔도 나와 있었고.

면담자   임근조 해경 상황담당관?

공우영   임근조는 잠수 파트에 나와 있었고. 해경 경비안전국장 이춘재, 그 친구도 나와 있었고 윤병두도 거기 나와 있었고. 그러고 이제 해경들은 버글버글해요, 엄청 많아.

면담자   체계가 잘 잡혀 있으면 민간 잠수사가 들어간다 하더라도 해경에서 담당자를 딱 둬야 하잖아요.

공우영   그죠….

면담자   서로 의사소통도 돼야 하는데, 채널이 없었나요?

공우영   그런 건 없고 3009함인가 거기에서 회의해 가지고 오면은 와서 우리한테 이제, 한참 지나서지, 그것도 뭐 구역을 이렇게 해가지고 "어디 좀 해달라, 어디 해달라" 이런 식으로 얘기하고, 작업 방법은 지들이 모르는데 뭐 얘기할 저기 건덕지도 안 되고…. 작업 방법은 나하고 우리 다이버들하고 같이 의논해 가지고 "이렇게 이렇게 하는 게 어떠냐?" 하면 서로들 의견을 해가지고 그래가 작업을 한 거지. 걔들은 그 자체도 몰라요, 그 자체도. 도면도 없었는데, 처음에는. 내가 가자마자 [해경한테] 도면 좀 달라니까 도면이 없다는데, 뭐.

면담자   나중에 받은 도면도 "잘못된 것이었다"고 들었습니다.

공우영   틀린 도면이었고, "크게 좀 복사해 와라" 그랬더니 그거를 뭐 "소방청에서 갖고 왔다"고 그런 소리를 내가 들었거든요? 소방, 소방청에서. 그래서 우리는 화이트보드를 커다란 거를 두 갠가 세 개를 내가 요청을 해서 그걸 갖고 들어왔어요, 싣고 올 때. 저 어디 [언딘] 리베로호 올 때. 그래 가지고 다이를 이렇게 파이프 딱 해서 이렇게 만들어가지고 설치를, 상황판을 설치해 놨죠. 다 그거 쓰는데 뭐, 걔들은.

면담자   금호 바지에서는 일고여덟 분이 계셨는데요, 언딘 바지 들어오면서 잠수사는 좀 늘었나요?

공우영   그 후로 계속 들어와 가지고 그때 거의 한 20몇 명 됐죠, 그때. 24명? 이후로는 한 20몇 명 됐지.

면담자   그때부터 A조, B조로 나눠서 들어가신 거죠?

공우영   그러다 이제 반씩 나눴지, 10몇 명씩. 11명, 12명씩 이렇게 반 나눠가지고 여기 우리 [A조], 몇 명 쫙 붙이면 해경, 고 뒤에다 해경 이름. 이쪽은 B조, 잠수사 이름 딱 써놓고 옆에다 해경 애들 이름, 순번대로 들어가니까.

면담자　　　그럼 언딘 바지 온 후부터 해경 잠수사랑 군 잠수사들도 들어간 거네요.

공우영　　　우리 보조? 아니야, 군은 [잠수를] 별도로 하고.

면담자　　　군은 별도로 쭉 하고요?

공우영　　　요렇게 바지가 있으면 요렇게 반을 나눠서 요기 해군에 A조, B조. 우리, 우리 민간 잠수사 해경 A조, B조 이렇게 반 갈라가지고.

면담자　　　한쪽은 해군, 다른 한쪽은 해경과 민간 잠수사, 이렇게 조를 짜서.

공우영　　　그렇게 해서.

면담자　　　이렇게 해서 두 개 조로 내려가셨단 말씀이신가요?.

공우영　　　네 개 조지. 해군 두 개 [포함해서].

면담자　　　근데 두 개 조가 내려가도 같은 수색 작업을 하는 거잖아요.

공우영　　　어우 근데 배가 크니까, 이쪽에는 어디 3층이면 3층 어디, 이쪽에는 4층이면 4층, 이쪽에는 중앙에 어디, 몇 층.

면담자　　　그건 미리 나눠놓고요?

공우영　　　　그렇죠. 자기들 내려가는, 타고 내려가는 [세월호] 부위가 있으니까, 그거 타고 내려가서 이제 작업을 하는 거죠.

면담자　　　　A조, B조 할 일은 잘 나눠져 있었나요?

공우영　　　　그거 이제 자기들이 나눠줬죠. 우리는 몰랐, 몰랐고 자기들이 나중에 선수 쪽에는 민간 잠수사, 중앙에는 해군, 또 이쪽, 나중에는 이쪽 밑에는 88[수중개발] 뭐 얘기하더라고, "다른 데서 올라온다"고.

면담자　　　　제가 듣기로는 잠수 작업을 시작하면서도 서류 처리를 전혀 안 했고, 이광욱 잠수사님 돌아가신 후에 서류를 썼다던데요. 맞나요?

공우영　　　　이광욱 잠수사가 죽기 전에, 죽기 전인가? 죽고 나선가? 언딘에서 그거를 이렇게 문구를 만들었더라고요. 저, 저 뭐야 서약선가? 뭘 그거를 만들어서 몇 명한테 그것을 받았나 봐요. 나한테는 이제 그런 얘기를 안, 못 들었는데.

면담자　　　　서약서 내용은 혹시 들으신 게 있으세요?

공우영　　　　아니, 처음에는 못 들었는데 나중에는 해군에서 그거를, 해경에서 그거를 문구를 조금 바꿔서 해경에서 하는 것처럼 해 가지고 전체적으로 받았어요, 그거를.

면담자　　　　서약서 내용이 어떤 거예요?

공우영　　　　있나 모르겠네 지금도, 컴퓨터에는 있을 건데. 컴퓨터에 있을 거예요. 그래 가지고 다 썼어요. 서약서 쓰고, 종사명령서도 사고 나고 후에 그래 가지고 그거를 쓴 거지.

면담자 　　종사명령서가 어떤 서류인가요?

공우영 　　해경에서.

면담자 　　계약서예요?

공우영 　　해경에서 민간 잠수사를 이 구조 작업에, "여기서 작업을 해라"라는 명령이죠. 일종의 무슨 계약서나 비슷하죠.

면담자 　　강제성이 있는 건 아니죠?

공우영 　　근데 그거를, 거의 근데 그거 참여를 안 하면, "그거 받고 참여를 안 하면 벌금에 물린다"고 그렇게 나와 있더라고.

면담자 　　종사명령서를 받고 작업을 안 하면 처벌을.

공우영 　　예, 예. "참여를 안 하면, 불응을 했을 때는 처벌"을 저기가 있더라고.

면담자 　　그게 군 출신이라 그런 건가요?

공우영 　　글쎄 그건 정확하게 모르겠어요, 법이 그런지 난. 저이들이 그 "수난구호법에 그렇게 돼 있다" 그러더라고. 그것도 사고 나고 후에 자기들이 만들어준 거예요.

면담자 　　그럼 이전에 하셨던 여러 산업잠수나 세월호 작업과 단순 비교했을 때에요, 계약조건과 잠수 장비, 잠수사들을 위한 휴식, 이런 것들이 모두 비교할 수 없을 정도로 열악했다는 말씀이신가요?

공우영   언딘 리베로호 오기 전에는 완전히 챔버 그런 것도 없었고, 완전히 진짜 노숙자, 쉽게 얘기하면 노숙자 정도 되고. 그다음에 언딘 리베로호 오고 나서는 거의 호텔급 그런 식으로 보면 되죠.

면담자   그런데 아까 말씀하신 걸로는 언딘 바지 위에서도 크게 시설이 있진 않았던 거 같은데요.

공우영   그래도, 그래도 거기에 챔버가 두 대가 있고 고 다음에 잠수 컴프[레서]도 좋은 게 있고. 또, 식사는 해경에서 갖고 오는 게 아니고 언딘에서 돈을 줘서 섬에서 이렇게 갖고 들어왔어요. 그런데 갖고 들어와도 밥 먹을 때 보면 누가 다 가져가는지 없어, 어떤 때는. 그게 먹는 거 가지고 진짜 우리 그렇게 얘기 잘 안 하는데, 진짜 어떤 때는 막 승질나더라고. 그러고 실종자, 저저 가족들이 자기 자식들 찾았다고 와서 묻어주고 배에도 와요. 올 때 막 뭐를 사, 해가지고 오서, 떡이래든가.

면담자   유가족들이 다시 배로 오셨어요?

공우영   예. 떡이래든가 전복이래든가 막 이런 거 막 해가지고 와요. [근데] 우리 먹을라 그러면 없어. 전복도 다이빙 끝나고 먹을라고 딱 갖다 놓으면 누가 다 집어가고 없어.

면담자   근데 배 위에 있는 사람은 모두 뻔하잖아요.

공우영   아이, 사람이 엄청 많아요.

면담자   해경, 해군, 민간 잠수사 딱 이렇게 있는 거 아니에요?

공우영   아유 거기에 뭐 군인들도 오만, 오만 군인들 다 있고

55
·
1회차

뭐 엄청 많아요, 사람. 누가, 누가 누군지 몰라요. 다이빙할 때만 해도 거의 한 100명 이상은 거기서, 바지 위에 항상 100명 이상은 왔다 갔다 하는데.

면담자   여러 작업을 하실 때 해경에서 정확한 상황 브리핑을 해주긴 했나요?

공우영   해주긴 뭘 해줘요, 알아야 하지 걔들은.

면담자   해경이 브리핑을 해준다거나 뭐 이런?

공우영   우리 앞에, 우리가 "이렇게 이렇게 작업을 했다" 얘길 해주면 그거 받고 가서 이제 다 지들 브리핑하고 다 하는 거지, 개뿔도 모르는 놈들.

면담자   구조 작업 전체적인 거라든가?

공우영   우리한테는 할 능력이 안 된다니까, 걔들이. 해경 자체가 우리하고 그렇게 붙으면은 민간, 나도 뭐 내가 자랑은 아니지마는 우리하고 실질적으로, 지식은 그렇게 크게 없어도 이 작업은 우리는 뭐 평생을 그렇게 해왔기 때문에 그런데 대해서는 걔들 와서 말 한마디 못 해요. 할 줄 아는 게 없어요, 걔들은.

면담자   그럼 잠수할 때 조를 짜고 투입하고 그런 것도 자체적으로 하는 건가요?

공우영   그렇죠. 그니까 이제 조를 우리가 이렇게 해가지고 순번을 A, B조 해가지고, "야, 순번 이렇게 적어" [해서] 다들 잠수사들 [한테] 쫙 적어준다고. 이쪽에도 쉽게 얘기해서 조장, 이쪽에도 조장이 하나씩 있으면, 이제 베테랑이 있을 거 아니에요. 자기들 이름 다 적어놓고 해경은 저희들끼리 또 이름을 적어서, 고 앞에도 적어주는 거예요, 지들이. 그리고 걔들은 3교대를 하거든 8시간 와서 근무하고 배 타고 가서 자고 다음 팀이 오고. 그럼 걔들은 편하죠, 우리는 거기서 잠도 제대로 못 자고 와서 24시간 하는데.

면담자　　　그럼 공 잠수사님이 민간 잠수사들 조 짜고 작업하고 전체적인 이런 걸 하셨던 거예요?

공우영　　　그 관리, 쉽게 얘기하면 민간 잠수사들 거의 관리했다시피 했는데, 그렇게 안 하면은 사고 많이 나요. (면담자 : 네) 그거는 잠수사들이 개성도 강하고 전부 다들 저기 해서 진짜 제대로 모르는 사람 와서 이렇게 하고 그러면은 말도 안 들어요.

면담자　　　잠수사분들 성격이 세단 얘긴 들었어요.

공우영　　　나는 더 세니까 걔들이 말을 듣지, 이제.

면담자　　　어떤 분들은 "공우영 잠수사님이 안 계셨으면 안 들어갔을 거다"라고 하시더라고요.

공우영　　　저들이 인제, 지금서 얘기지만은 나를 믿은 거죠, 위에서 이렇게 하는 걸 보고. 같이 안 해봤던 사람도, 처음 본 사람도 많아요, 거기서 그때 당시에. 나하고 같이 했던, 일했던 사람들은 나를 잘 알기 때문에 탁 믿고 들어가는데 처음 본 사람도 많거든. 근데 나를 믿은 거지, 이제 그 바람에….

면담자　　　작업 때 처음 만난 민간 잠수사들도 있었겠네요.

공우영   많죠, 그때 당시에도.

면담자   한 "20명 정도 계셨다"고 아까 말씀하셨는데요.

공우영   20, 잠수 거기 관련 애들이 20 한 맷 명 되는데 거의 한 반, 3분의 1은 아마 모르는 애들이죠. [김]관홍이나 [김]상우 뭐 이런 애들, 처음 본 애들 많았어요, 거기.

면담자   민간 잠수사분들 중에 SSU 출신이 아닌 분들도 계신 거죠?

공우영   그렇죠. UDT 나온 애들도 있고 공수부대 나온 애들도 있고 민간인 출신들도 있고, 다 그렇죠. 어떻게 SSU만은 없어요, 그렇게 안….

면담자   SSU 출신이 특별히 많은 것도 아니에요?

공우영   아유 없어요, 인원이 더.

면담자   SSU 출신이 더 적어요?

공우영   예, UDT나 그런 데가 많죠. 옛날에 거기가 [일반]병들하고 다 있었기 때문에 옛날부터, 그 출신들이 훨씬 많죠. 우리는 그 군대서부터 전문적으로 그걸, 잠수 그거를 배우고 오는 부대고 UDT나 이런 데는 전투 부서라 틀려요[달라요].

면담자   그럼 처음에 희생자가 올라왔을 때에 바지에 같이 계셨어요?

공우영   없었어요 저는, 그때 고성에 거기 가가지고.

면담자 아, 고성에서 아까 통화한 얘기하신 거.

공우영 예.

면담자 그럼 고성 다녀오셔서 금호 바지에 올라갔을 때부터 시신들이 올라오는 걸 보셨겠네요.

공우영 계속 봤죠. 그건 안 볼 수가 없지. 그걸 어떻게 뭐….

면담자 희생자 수습 과정을 제가 잘 몰라서요. 2인 1조로 내려가서 한 명이 선체 내부로 들어가고 다른 한 분은 밖에 계시는 건가요?

공우영 예, 유리창을 깨면 유리창이 보통 한 이 정도 돼요. (손가락으로 두께를 가늠해 보이며) 요 정도 되면은 이거를 딱 깨가지고 한 사람 들어가서 찾아가지고, 그것도 유리창이 이렇게 보면, 밑에서 이렇게 보이는 게 있으면은 여기 딱 깨면은, 사람 있는 데는 못 깨잖아요. 다른 데 깨가지고 델고 올라오고.

면담자 유리창이 있으면 그 반대로 시신들이 보이나요?

공우영 그렇죠. 이렇게 보이죠, 이렇게. 뭐 조끼라도 입고, 조끼라도 보이든가 머리가 보이든 뭐 이렇게 떠 있으니까, 그때 당시에.

면담자 그럼 유리창을 깨고 들어가는 거죠?

공우영 깨면은 이제 사람이 나오죠. 그럼 한 사람은 데리고 올라오고 또 잡고 있다가 또 한 사람은 내려와야 또. 껐는데 [다른 시신이] 빠져나가면 안 되잖아요. 그래 이제 올라갔다 내려갔다 계속한 거지.

면담자 잠수사들이 내려가면 시신을 모두 붙들고 올라오는 거예요?

공우영 그렇죠.

면담자 한 명, 한 명 이렇게 다 붙잡고 올라오시는.

공우영 근데 좁은 데는, 쉽게 얘기해서 이런 문이 여기는 이렇게 똑바로 서 있으니까 서서 갈 수가 있잖아요. 이거 옆으로 하면은, 옆으로 되면 어떻게 돼요, 좁잖아요. (면담자 : 네) 그러면 사람 둘이 부닥쳐도 꼭 차잖아요. 끌어안고 나와야지. [시신이] 다치면 또 안 되잖아요. 나오다 또 상처 입고 이러면 가족들이 얼마나 안 좋아요.

면담자 제가 그 느낌을 알 수 없어서 여쭙는데요. 잠수사분들은 다른 현장에서도 희생자 수습을 해보셨을 텐데요. 다른 사건들과는 좀 달랐는지, 당시 바지 위에서 분위기가 어땠는지 궁금해요.

공우영 처음에는 굉장히 무거웠죠. 누구 하나 말 제대로 하는 사람도 없었고 농담하는 사람도 없었고. 가족들이 보면 또 안 좋잖아요, 그래서. 한 달, 두 달 지나다 보니까 그때 이제 가족들도 와서 농담도 해주시고 그러니까 우리가 웃으면서 얘기도 하고 그러지, 처음에는 그렇게 못 했어요.

면담자 근데 그런 분위기에서 일한다는 것 자체가 큰 스트레스 아닌가요?

공우영 근데 우리는 그런 정서가, 당연히 우리가 그런 작업을 하는 사람들이고 하기 때문에 '당연하다'고 생각하고, 그 사람들한테 저거 하고 그런 건 가진 건 없어요. 앞으로도 그런 일이 있어도 하면은 처음에는 그렇게 해요, 보통 엄숙하게들 하고. 또 그 사람들 다 안됐잖아요, 보면.

면담자　　　그럼 유가족 중에 바지 위에 계시다가 바로 자녀를 만난 분도 계시나요?

공우영　　　있어요.

면담자　　　우연히 바지 위에서요?

공우영　　　그런 사람도 있어요. 그때 금호 바지에서 언딘 리베로 가기 전에 마지막 금호 다이빙 배에서 다이빙을 했을 때 유호근 씨가 조카를 거기서, 딱 올라왔는데 "조카 같다" 그래 가지고 바로 나왔는데 확인해 보니까 조카더라고. 그래서 바로 나왔죠, 그 사람은 거기서.

면담자　　　그럼 바지 위에서 시신을 확인하는 과정은 분위기가 좀….

공우영　　　그때 이제 우리는 끝나고 배에 옮기고 저거 한다고 정신이 없어서 저걸 했는데, 나중에 그때 그렇게 확인해서 "떴다" 그래서 "올라왔다" 그러더라고. 그래 가지고 "바로 나왔다" 그러더라고.

면담자　　　수색 작업과 휴식, 그리고 재수색, 이 과정이 계속되는데요, 전체적으로 하루 일과가 어떻게 되는 건가요?

공우영　　　우리가 보통 보면은 조석표가 있나…. (조석표를 보며)

여기 보면 조석표가 세 물때밖에 없는데…. 여기 네 물때가 있잖아요.

면담자   예, 예.

공우영   2시, 새벽 2시 54분에 2미터 1, 고 담에 9시 44분에 4미터 50, 이게 만조고 간조고, 고 담에 4시 28분에….

면담자   2미터 60.

공우영   2미터 60. 고 담에 10시 7분에 3미터 99. 요 시간을 기준 해서 앞뒤를 이렇게 작업을 하는 거야. (면담자 : 예, 예) 2시, 3시 정도 되면 새벽 1시부터 준비를 해야지. 그럼 작업 끝나면은 4시, 5시 된다고.

면담자   예, 여기 표에 썰물 2시 50분 기준으로요?

공우영   예. 그러면 그때 끝나면은 새벽, 아침이거든 거의 보면 그때 당시에는. 그러면 출출하니까 라면이라도 하나 먹고 잠깐 자요. 자면 요거 이제 9시 44분이니까는 늦어도 7시 반이나 돼야 나와서 준비를 해야 된다고. 그러면 또 여기서 10시, 11시나 돼야….

면담자   끝나죠.

공우영   11시 넘어야 끝나요, 금방 끝나는 게 아니고. 그러면서 또 정리하고 식당에서 점심때 되니까 밥 먹고 잠깐 눈 붙이고, 그러면 또 2시나 되면 나와서 해야 된다고. 쉬는 시간이 별로 없어요.

면담자   그럼 만조와 간조 사이에는 잠깐 육지에 다녀오시고.

공우영   아니야, 육지 못 들어가 배 안에서….

면담자　　　계속 바다 위에 계셨어요?

공우영　　　예. 육지로 출퇴근하면 좋게? 시간도 없는데 뭐.

면담자　　　그럼 물때가 하루에 네 번이니까 중간중간 1시간 정도, 길면 2시간 정도 쉬고 계속 잠수하고…. 제가 알기론 7월 19일에 모두들 바다에서 나오셨다고.

공우영　　　7월 10일.

면담자　　　7월 10일이요?

공우영　　　예.

면담자　　　그럼 그때까지 계속 그렇게 생활하신 거예요?

공우영　　　그렇죠. 한번 태풍 올라온다든가 그래서 한 번 단체로 한 번 나와가지고 목포에서 자고. 그리고 다른 애들은 한 두어 번? 두세 번 나갔었죠. 저는 그때 한 번 나오고 못 나왔죠.

면담자　　　그럼 잠수사님은 4월부터 7월까지, 거의 3개월인데요.

공우영　　　한 번 집에 왔다 갔어요, 그때 태풍 온다 그래가. 아 태풍, 아 그때 아니로구나. 그때 마지막 7월 며칠날 태풍 온다 그래서 다 나와가지고 집에 왔는데, 그길로 이제 우리를 짤른 거지, 7월 달, 7월 10일 날.

면담자　　　그럼 4월부터 계속 배에 계셨네요.

공우영　　　그죠. 거의 배에 있었고 저기 목포에 한 번 나갔다 왔죠, 하룻밤.

면담자　　　원래 수중 작업이 그렇게 쭉 바다 위 바지에만 있어야 하는 건가요?

공우영　　　아니에요, 육지 출퇴근하죠. 아침에 나가서 출퇴근해가지고 정조 시간에 작업하고 3시에, 오후 3시에 정조 작업 끝나면 일찍 끝날 거 아니에요. 그러면 고 다음은 밤 아니에요. 밤이면 안 하거든 들어온다고. 이런 데처럼 이렇게 조류도 없고 한 데는 서너 시, 네댓 시 한 5시까지는 있는데 그거하곤 틀린[다른] 거지. 이거는 24시간, 24시간 거기서는.

면담자　　　그럼 식사와 주무시는 건 어떻게.

공우영　　　거기서, 배에서 어떻게 섬에서, 가차운[가까운] 섬에서, 고거를 언딘에서 얘기해서 거기서 밥을 갖다주고 한 거죠.

면담자　　　이건 좀 어려운 이야기인데요. 이광욱 잠수사 사망사고에 대해서, 제가 알기로는 대통령이 온다 해서 갑자기 잠수사들이 늘었고, 이 상황에서 건강상태를 체크하지 못하고 잠수를 했다 이렇게 아는데요.

공우영　　　고거는 제가 잘, 제가 직접 들어서 요건 아는데, 그때 해경에서 "잠수사를 6, 70명, 5, 60명 정도를 맞추라" 그러더라고, "VIP가 온다"고. 그래서 내가 그랬어요, "우리 여기 25명이 맞으니까 [추가적으로] 필요 없다" 그랬더니, "그 팀 분위기만 깨니까 필요 없다" 그 얘길 했는데도 자기들이 데리고 왔는데 뭐 어떡해.

면담자　　　해경이 데려온 건가요?

공우영   자기들이 얘기해서 데리고 온 거예요.

면담자   이광욱 잠수사가 어떻게 들어왔는지는 모르시죠?

공우영   그건 모르지 우리는, 밖에서 하는 일은. 우리야 뭐 전화도 잘 안 되는데 배 안에 있는데…. 근데 그게 공소장도 그렇게 나왔지마는 웃기는 게 검사라는 작자가 이광욱 씨가 "유성수중개발 소속이다" 그리고 내가 "[이광욱 잠수사의] 혈압 높은데 다이빙시켰다", "뭘 안 했다", "현장을 떠나서 있었다" 뭐 일곱 가진가 몇 가지를 그렇게 하더라고. 진짜 정신 나간 놈이더만, 내가 보니까. 아니 배가 여기 10미터도 안 되는 데서 거기 있는데 내가 벗어나면 어디를 벗어나냐고, 바지 안에서. 여기서 가운데 있으면 5미터거든. 양쪽에서 포 소리 듣고 있거든. 내가 기도 안 차가지고, 진짜. 그런 걸 갖고 공소를 해가지고 나를 갖다가 2년 가까이 그냥 재판을 받게 그렇게 하더라고.

면담자   이광욱 잠수사 말고도 몇 명이 더 들어왔다 그랬잖아요.

공우영   한 명? 두 명 왔었어요, 두 명.

면담자   해경이 두 명을 더 추가한 거죠?

공우영   아 두 명이 왔고, 그 전에 왔는데 못 한다고 나간 사람이 한 몇 명 있었고.

면담자   해경과 같이 들어온 사람들 중에서요?

공우영   예, 예. 와가지고 이렇게 하는 걸 보고는 "못 하겠다"고 가는 사람들이 있었고, 그다음에 두 명이 왔는데 한 사람은 잠수사 양영수라고, 양영수하고 그 사람하고 같이 왔는데 양영수는 다이빙하고 올라왔고. 그리고 고 다음에 차례가 안 돼서 끝나고 밤에 해야 되는데, 그때 파도쳐서 작업을 몬 하고 새벽에 한 거예요. 그때 그 줄을, 수심도 24미터인가밖에 안 돼요. 거기 그래서 "줄을 맬 수 있냐?" 충분히 얘기를, 설명을 해주고, "자신 있다"고 해서 집어넣은 거죠. 그리고 그 사람이 능력이 얼마나 되는지도 모르잖아요, 우리도. 얼굴만 봐서는 모르잖아요. 그래서 일단 다이빙하는 걸 봐야 그 사람들이 여기서 같이 할 건지 안 할 건지, 우리가 맘대로 계속 보낼 순 없잖아요, 해경에서 다 데리고 오고 대책본부에서 데리고 왔는데. 그러니까 뭐 어떡해. 근데 거기 들어가 가지고 바로 사고가 나더라고.

면담자   같이 왔던 양영수 님도 계속 잠수하셨나요?

공우영   그 사람들 몰라요, 나도.

면담자   그럼 그때 한 번 잠수하고 현장에서 나가신 거죠?

공우영   아, 그 사람 한 번 하고 바로 나갔죠.

면담자   한 번 하고 나가셨어요?

공우영   예. 거기서 그 사람 바로 하고 사고 나는 바람에 바로 나갔지, 그 사람.

면담자   그럼 기존에 작업했던 분들도 사고 난 분을 모두 모르셨어요?

공우영   다 모르는 사람. "불러봐라, 다이버들" [해서] 모여가지고 "아는 사람 있냐?"는데 아는 사람 없다는데…, 산업 다이빙 하면 거의 다들 알거든요. 한 다리 걸치고 하면 다 아는데 몰르더라고.

면담자   이 부분은 내일 인터뷰에서 더 여쭤볼게요. 결국 14년 여름, 7월 10일에 언딘이 빠지면서 88수중개발이 전체 작업 감독을 책임지잖아요.

공우영   그건 몰라요, 나오고 난 뒤예요.

면담자   제가 확인한 바로는 언딘 바지가 빠지면서 88수중개발이.

공우영   아, 이제 그 빠지게 된 동기는, 어떻게 돼서 빠지게 됐냐 그러면, 유성수중[개발]의 이대권 대표가 나, 제 후배예요, 부대 후배. 나하고 둘이 같이 하는 친군데, 전화가 와가지고 "해경에서 연락이 왔다"고, 언딘에서 전화가 왔대요. 하면서 "나를 빼고" 이대권이 자기한테 "애들 데리고 가서 작업을 해라, 해달라" 언딘에서, 아니 "해경에서 그렇게 연락이 왔대"요. 그래서 나한테 전화가 왔더라고.

면담자   해경에서 공우영 잠수사님을 빼달라는 연락이 왔다고요?

공우영   그러니까 '나를 빼고', 이대권, 이대권 대표한테 연락이 온 게, "니가 데리고, 애들 데리고 가서 수색 작업을 해달라 그렇게 연락이 왔다"고 나한테 전화가 온 거예요. 그래서 "그래?" 나는, "니가 가라, 차라리 가라. 나는 가기 싫다" 난 분명히 내가 거기서 집에서도 얘길 했는데, "가기 싫다"고. 근데 "아마 다이버들이 내가 안 가면 다이버들도 아마 안 갈 거다. 그거 한번 [해경에] 얘긴 해봐라"
그렇게 [언딘한테 이야기했다더라고요]. "니가 가서 하라" 그랬더니 걔
도 안 가지만은⋯. [언딘에서 해경이] 그렇게 얘기[했다고] 하니까, 지
도 성질나니까 나한테 전화가 온 거지. 그래서 언딘한테 얘길 했대.

면담자   어디서 전화가 온 거예요?

공우영   언딘에서. 해경한테 언딘에서 연락이 와서 언딘에서
이대권 대표한테 전화가 와가지고 이대권 대표가 나한테 전화가 온
거지. 그래 가지고 얘기해 준 거지. "아마 안 갈 거다" 그렇게 얘길
해주니까, 그러면은 언딘도 "이 잠수사들 아니면 우리도 못 간다" 그
렇게 해경에다 통보를 한⋯. 결론적으로 해경에서 대책본부가 해경
에서 애들이 나를 제외시킬라 그런 거야.

면담자   해경이 왜 그랬다고 생각하세요?

공우영   저는 아닌 거는 잘 안 하거든요, 시키는 거를. 내 판단
이나 이 잠수사들한테 판단을 해가지고 해로운 거는 안 하거든. 그
러면서 마찰이 조금 있었죠.

면담자   해경 쪽하고요?

공우영   해경보다는 해수부 애들하고. 해수부 애들이 "ROV[원
격수중로봇]를 집어넣어라", 고 다음에 "전자코를 가서 집어넣어라",
되도 않는 거를 막 시키더라고. 그래서 "이거 안 된다, 안 된다".

면담자   다 장비들 이름인가요?

공우영   예. 전자코라는 거는 이런 격실에서 물을 떠 오면 분

석을 한 대요, 그게. 어떤 이상한 놈들이 와가지고 그걸 무슨 국가 무슨 연구손가 뭐가 있나 보더라고. 그러면 이거 시신 냄새가 난다 이거지.

면담자   아, 물에서요?

공우영   썩는 냄새가 나고 이러니까는 그거를 분석을 해서…. 아니 벽이 다 무너져서 다 통했는데 무슨 놈의 그게 되냐고.

면담자   바닷속이라 물이 흐르니까요.

공우영   "여기 물이나 저쪽 물이나 똑같은데, 안 된다. 수색하는데 귀찮게 좀 하지 마라". 그래서 할 수 없이 몇 번 떠다 줬어요. 고 다음에 이제 ROV인가 뭐를 갖다가 객실에다 놓으면은 그 로비 쪽에다 놓으면 이게 한 바퀴 쫙 돌면은 시신이 확인을 할 수가 있고, "소나[음향탐지기]를 갖다 넣으라"고. 안 되는 걸 왜 하냐고 그걸, 해군 애들도 "안 된다, 안 한다" [그러는데]. 해군에 뭐 그게 없어서 안 해요? 다 하지. 걔들이 왜 장비가 없냐고 장비 더 좋은 게 있는데. 이 소나라는 거는 철제 박스에서 이렇게 놓구서 하면은 다 삑삑 거린다고 철이 있으면. 그게 무용지물인데 왜 하냐는 거예요. 나중에 알아보니까 "해수부 애들이 3억 주고 그거를 소나를 두 대를 샀다" 그러더라고. 미친놈들 아니냐고. 지 돈 같으면 사냐고, 예? 나는 진짜 애국자는 아니지마는 그거 쓸데없는 돈 아니야? 1억 5000, 3억 주고 왜 그런 걸 사냐고, 되는 걸 사야지. 그 돈 갖고 우리 장비나 더 좋은 거로 갖다주면 내 이해나 하겠네. 그래 놓고 미 해군에서 인정도 안 하는, 88수중에서 애들이 와서 한, 그 혼합기체다이빙 하는 그 이름이 뭐야 그거. 그거, 그게 더 신장비라고 그러는 놈들이에요, 공무원 새끼들이. 그런 개새끼들이 어디 있냐고. 우리는 신장비 아니래도 그 장비 갖고 그 많은 사람 3분의 2를 우리가 수색을, 수습을 해서 다 올려줬는데 우리 보고 "그때 그래서 잘못됐다"고 하면은 개가 웃을 일이 아니요. 참 기도 안 차가지고, 인간 같지도 않아서 말도 안 해, 그런 놈들은.

면담자　　　제가 언론보도에서 본 걸로는요, 공우영 잠수사님과 민간 잠수사들이 "몇 개월 걸린다" 했는데 88수중개발이 "우리는 더 짧게 할 수 있다" 이런 식으로 이야길 해서 수색 작업이 88쪽으로 넘어갔다고 봤거든요.

공우영　　　아니 그거는 왜 그런 얘기가 나왔냐 그러면, 얘기를 했어요. 누구하고 있을 때더라? 얘기하는데 저한테 물어보더라고. "이거 절단해 가지고 안에 내용물 수습하고 안에 다 조사하는 데 얼마나 걸리겠냐?" [해서] "다이빙 일수로 따져서, 절단하고 안에 다 인양하고, 그 안에 조사 다 하는데 다이빙 일수로 한 3개월 이상 걸리겠다" 그렇게 얘길 했거든요. 그랬더니 대책본부가 거기서, 우리는 이제 모르지 나중에 그 얘길 하더라고. 회의를 했대요, 업체들 불러서. 88[수중개발] 사장도 오고 막…. "여기 안에 절단을 얼마만치 해서 그 안에 내용물을 다 끄집어내는 데, 조사하는 데 얼마나 걸리겠소" 딱 하니까 88 사장이 자기는 "일주일이면 다 한다" 그랬더라고.

면담자　　　왜 그런 거예요?

공우영　　　그 사람은 잘하는 모양이지. 그러니까 "일주일 안에

다 끝난다"고 그렇게 해서 거기를 불렀고, 우리는 왜 글로 못 갔냐 그러면 선수를 우리는 수색을 했고 거기는 선미 쪽이라 우리 배가 글로 옮겨야 돼요. 그거 작업을 하게 되면 우리가 그럼 선수를 포기하고 우리가 글로 가야 된다고. 그런데 88에서, 그것도 들은 얘기야 내가 정확한 건진 모르지마는 들은 얘긴데, 일주일 만에 그걸 다 하겠다니 어? 내가 실종자 가족이고 일반 저기래도, 공무원이고 그래도 얼씨구나 일주일 하는 사람 시키지 3개월 이상씩 걸리는 사람 왜 시키냐고 당연히. 근데 3개월 넘게 걸렸는데도 다 못 했어요, 그거. 결론적으로 내 말이 맞거든.

면담자   그게 7월 10일, 언딘 바지 빠질 때 동시에 일어난 사건인가요?

공우영   그 전에, 그 전에죠.

면담자   그 전에요?

공우영   예. 그랬다 거기서도 사람 하나 죽었잖아, 사고 났잖아. 6월, 6월 말경이나 들어왔을 건데 걔들?

면담자   그럼 언딘 바지가 완전히 빠진 거는.

공우영   7월 10일 날, 10일 날인가…. 8일 날인가 9일 날인가 좌우지간 나왔다가 그때 빠진 거예요.

면담자   그때가 잠수사님이 말씀하신 것처럼 해경에서 "나가라"고 한 거예요? 같이 작업을 안 하겠다는 식으로.

공우영   그런 식으로 문자가 왔더라고.

면담자   문자가 왔었어요?

공우영   문자가 온 게 있어요, 그대로.

면담자   그 연락을 해경에서 받으신 건가요? 해수부에서 받으신 건가요?

공우영   해경에서.

면담자   해경에서요?

공우영   예. (핸드폰을 찾아보다가) 옛날 거 다 없어졌네.

면담자   그럼 '당시 잠수사님을 내보내려고 했던 게 해경이나 해수부에서 어떤 사람이다' 이런 얘기는 들으셨어요?

공우영   그건 몰라요. 지금도 몰라요. 결론적으로 '지들 말 안 듣는다'고 한 거고, 나중에 88애들은 "예, 예" 하니까는 좋잖아요, 부려먹기. 모르니까, 걔들은 그만치 모르니까.

면담자   25명의 잠수사 중에서 공우영 잠수사님이 현장에서 나오시고, 몇 분 정도가 현장에 남으셨나요?

공우영   다 나왔죠.

면담자   다 나오신 거예요?

공우영   예, 다 나왔다가….

면담자   그럼 88수중개발은 완전히 새로운 잠수사 멤버를 꾸려서 들어간 거네요.

공우영   이제 걔들이, 들은 얘긴데, 우리를, 우리가 빠지면, 내가 빼도 자기들이 "부르면 다 온다 그랬다"고, 그런 식으로 88쪽에서 그렇게 얘기를 했나 보더라고. 근데 나중에 두 명 갔어요, 두 명. 나한테 얘기를 하더라고 그러면서 "형님, 가고 싶은데 어떻게 했으면 좋겠냐?" [해서] "그럼 가라, 그건 나하고, 우리하고 저거 하지 말고 가라" 그래서 두 명 거기 갔다 왔어요. 결론적으론 안 간 거지, 불러도 안 간 거지. 걔들이 뭐 다 아는데 "위험해서 못 하겠다"고 그러는데.

면담자   그럼 88수중개발에서 들어갈 때도 규모는 이전과 비슷했던 거죠?

공우영   쉽게 얘기해서 우리하고 있다가 지들이 막 왔다 갔다 나간 사람들이 많아요, 우리하고 처음에 와서 작업을 하다가. 거의 그런 애들이 가고. 고 다음에 아마추어로 이렇게 하는 애들 있잖아. 그런 애들이 거기 많이 들어가서 "실질적으로 다이빙하는 애들 몇 명 없다" 그러더라고. 거기 아는 애가, 그때 누구한테 얘기하던데? "실질적으로 다이빙에 이렇게 능력이 되는 애들이 몇 명 없다"더라고.

면담자   아까 88수중개발 쪽도 선후배분이라 하셨는데요.

공우영   선배, 선배예요. 사장은 선배고 부사장이 후배고.

면담자   이 일을 계기로 불편해진 것도 있겠네요.

공우영   그 사람하고 통화도 안 해요. 그 사람 얘기도, 만나지도 않는데, 원래 뭐 나하고는, 내가 좋아하지도 않는 사람이고.

면담자   그럼 아까는 유호근 씨 이야기해 주셨는데요. 바지 위에서나 나중에 육지에서나 유가족분들 만나셨나요?

공우영   많이 만났죠, 가족들.

면담자   14년 7월 이후에요.

공우영   예, 예. 7월 이후로 많이 만났죠. 7월 일하면서도 오셔서 이렇게 본 가족들은 많이 교대로 왔다 갔다 하셨는데 같이 얘기는 잘 못해봤어요. 밖에 나와서만, 나중에 나와서 얘기하고 만나고 그랬지.

면담자   현장 밖에서는 어떤 계기로 가족분들을 만난 거예요?

공우영   조문 갔을 때도 그렇고 광화문에 갔을 때도 만나고 무슨 청문회 할 때도 와서 보고, 그런 식으로 가서 자주 봤죠.

면담자   바다에서 나와서 따로 조문도 가셨었어요?

공우영   7월 그때 말인가? 7월 말 전인가 좌우지간 우리 총원 다 같이.

면담자   다 같이? 그때 들어가셨던 분들요?

공우영   "우리, 우리가 저거[수습] 했으니까 조문하러 가자" 그래 가지고 거기서 딱 모여서 체육관으로, 정문으로 가는데 가슴이, 말이 안 나오더라고, 영정 사진이 너무 많으니까. 우리가 이렇게 올려주고 할 때는 하루에 몇 명, 몇 명 이리 됐는데 와 진짜 애들이, 눈물밖에 안 나오더라고 막 거기서. 이렇게 많은, 많은…. 난 304명이라 그러면 많은 숫자지만은 그렇게 하루 종일 다이빙 힘들잖아요. 진짜 가슴이 답답하고 먹먹하고 눈물밖에 안 나오더라고, 그때 당시에는. '야, 많은 사람들 기성세대들이 잘못해 가지고 사람들을, 이렇게 젊은', 젊은 친구들이 다 아니에요? 3분의 2 아니에요. 얼마나 안타깝냐고.

면담자   그럼 다 같이 조문하고 가족분들도 분향소 옆 컨테이너에서 만나신 거예요?

공우영   예, 거기서 만나서 저녁 식사를 같이했어요. 오이도 가가지고 같이 있던 사람들도 있었고, 호근이하고 그렇게 저거 해가지고 몇 명이 와서 밥을 사주더라고. 그래 가지고 거기서 같이 밥 먹고.

면담자   유가족분들 만나면 느낌이 좀 어떠셨어요?

공우영   그때 당시에는 가족들을 보면은 진짜 안타깝죠. 입장을 바꿔놓고 내가 가족이라면 그런 생각도 가져보지만은, 그 사람들은 진짜 자식을 묻은, 가슴에 묻은 거 아니에요. 얼마나 가슴이 아프겠냐고. 우리는 그 사람들 데려다준 그거밖에 안 되는데, 우리한테 "영웅"이라 그러고 막 "고맙다"고….

면담자   가족분들이 감사해하시죠.

공우영   예, 굉장히 좋아…, 근데 또 일부는 안 좋아하는 사람들도 있어요.

면담자   안 좋아하시는 분들도 일부 계시고요?

공우영   그렇죠, 사람이 많으니까.

면담자   예, 예.

공우영   우리는 가서 우리가 할 일을 최대한 한 것밖에 없고, 가족들은 뭐 불쌍하죠, 가슴에 묻고 진실은 밝혀지지도 않고.

면담자   오늘 1차 인터뷰에서 마지막 질문을 드리려고 하는데요. 유가족에게는 잘못 알려진 사실들, 잠수부 입장에서 이건 좀 오해다 이런 부분이 있나요? 아니면 에어포켓설, 다이빙 벨, 레저잠수사들 기타 등등 여러 가지가 있잖아요. 이런 거 관련해서 오해가 아직 있다거나 그런 게 있을까요?

공우영   그거 지금 보면은 다이빙 벨 지금도 또 다시 저거 하더라고요? 근데 그거는 아니라고 봐요. 다이빙 벨은 저거는 이종인 씨가 들으면은 어떻게 생각할지 모르지마는, 그건 다이빙 벨 아니에요, 그런 건. 그거 사람 위험해요, 더. 조류 센데 그거 가지고, 그거 가지고 가서 사람을 살린다? 그리 늦게 가가지고? 그건 말도 안 되는 소리죠. 그거는 진짜 영화를 만드는 이상호인가, 누구야 그 사람? 그거 잘못된 거라고 봐요. 그리고 가족들이 그걸 알고 있어요. 간부한테 얘기, 들은 얘긴데 나중에 "저거 한다"더라고. 거기서 쫓겨났어요. 그때 당시에 어떻게 했냐 그러면, 이게 언딘 리베로호고 처음에 이제 걔들이 와서 배를 붙여가지고, 작업을 할라고 붙였는데, 언딘 [이사] 김천일이, 김천일이가 지네 "와이어 터진다"고 "못 대게 했다"고. 그래서 이게 다시 나갔어요. 나가서 밖에서 막 언론플레이 했어요, 걔들이. 그래 가지고 나중에 걔가, 이종인이가 우리 언딘 리베로 들어왔는데, 나를 불러가지고 여럿이서 회의를 하는데, 자기들이

"들어온다"고 그렇게 얘기를 하더라고. "들어와서 대라. 대서 작업을 해라" [하니까 "앵커가 괜찮겠습니까?" 그러더라고. "당신들 배 10대 대도 우리 앵커는 안 끊어지니까 와서 대고 작업을 해라" [그랬어요]. 그래 가지고 거기서 표시가, 들통이 난 거예요. 막 [다이빙 벨이] 흔들리고 엉망진창이고, 산소 호스 다 터지고, 그런 누더기 갖다가 그거 장비라고 그걸 갖고 와가지고 그거 아니면 안 되는 것처럼 그렇게 얘기하는 거는…. 해군 애들이 그거 없어서 안 씁니까? 왜 안 쓰는데? 걔들이. 필요가 없어요, 그거는. 그거 벨 타고 내려가는 시간에 줄잡고 내려가면 더 빨라요, 정확하게 가고. 다이빙 벨 갖다 어따 갖다 놓을 거야. 그것도 들면은 조류에 밀리고 하는데. 말도 안 되는 소리거든.

면담자   그건 당시에 지푸라기라도 잡고 싶은 마음들이.

공우영   일부 사람들은 현혹을 당한 거지, 가족들이. 지금 가족들도 그렇게 생각하는 사람들이 많아요. 체육관에 보면은 이 사람 저 사람 막 붙어서 뭐 진짜 좋은 얘기 다 한대요. "뭐가 좋다", "뭐가 좋다" 막 얘기를 한대요. 우리는 그걸 모르니까. 진짜 거의 다 보면은 100이면 100 거의 다 진짜 거짓말이라 그러더라고, 지금서 이렇게 만나서 얘기를 하면은. 그런데 이제 우리는 그런, 일체 욕을 먹어도 말도 안 하고 외부하고 저것도 안 하고 우리 할 일만 묵묵히 해주고 이렇게 나왔는데, 그거 보고 나중에 우리보고 "나쁜 놈"이라 그러니….

면담자   현장에 계실 때에 가족들과 갈등이 생겼던 건 없나요?

공우영   유가족들이요?

면담자   예, 바지에 계실 때에.

공우영   가족들하고 갈등 생길 저기는 없었고요. 그때 한번 이런 소리가 들리더라고, 우리 이제 나오기 전인데. 그때 한 10몇 명? 11명인가 그렇게 남았을 땐데, 가족들이 회의를 하면서 우리 "잠수사를 못 믿는다"고, 거기서 이제 그런 얘기를 가족분, 가족 중에 우리 잠수사 황병주하고 아는 애가 있어요. 전화가 와서 그런 얘기를 해서 나한테 얘길 하더라고, 진짜 기분 나쁘더라고. 우리는 진짜 성의껏 해서 열심히 했는데 "그런 얘길 하더라" 그래서 그때 우린 "일 못 하겠다. 보따리 싸가지고 나가겠다" 그랬더니 가족들이 와서 아니라고 하면서 "잘못, 미안하다"고 하면서 오해 풀고 그러고 다시 또 작업을 했죠, 그 당시에.

면담자   알겠습니다. 오늘은 여기까지 하고요, 내일 나머지를 여쭤보도록 하겠습니다.

공우영   그래요.

면담자   내일은 수색 과정에서 생겼던 잠수사분들의 부상이나 트라우마, 그리고 재판 관련 내용을 여쭤보겠습니다.

공우영   예.

면담자   고생하셨습니다.

2회차

2017년 1월 23일

1
시작 인사말

면담자 　　본 구술증언은 4·16 사건에 대한 참여자들의 경험과 기억을 기록으로 남김으로써 이후 진상 규명 및 역사 기술에 기여하고자 합니다. 지금부터 잠수사 공우영 씨의 증언을 시작하겠습니다. 오늘은 2017년 1월 23일이며, 장소는 제주도 서귀포시 솔대왓펜션입니다. 면담자는 임광순이며, 촬영자는 김솔입니다.

2
진도에서의 활동

면담자 　　어제는 4월에 현장에 내려가신 과정, 금호 바지와 언딘 바지에서의 작업과 경험을 말씀해 주셨어요. 7월 10일경에 나오실 때까지요. 이 부분에서 못 하신 말씀 있으시면 해주세요.

공우영 　　특별한 건 뭐 없구. 그런 큰 재난이 있으면 정부 부처에서 주관하고 민간인들은 거기서 이렇게 보조 역할을 해야 되는데 이거는 까꾸로[거꾸로] 된 거예요. 우리가 주로 하고 자기들이 해경 애들이 보조 역할을 하는 거지.

면담자 　　그럼 해경은 수색 작업에서 계속 보조 역할밖에 못 했다라고 분명하게 판단하시는 거죠?

공우영 　　그렇죠, 그거는. 잠수하는 거에 대해서만은 보조 역할

밖에 안 되고, 다른 거는, 대외적인 거는 모르겠어요, 잘은. 정확하게 우리가 관여도 안 해봐, 안 했고 해경에서 자기들이 뭐 이렇게 알아서 하고, 대책본부하고 이렇게 왔다 갔다 하면서 그렇게 해서 우리는 그거 잘 모르죠.

면담자　　　그럼 어제 "해경 쪽에서 지원이 거의 없었다"고 말씀을 해주셨는데요.

공우영　　　예를 들어서 그때 TV나 뭐 이런 거, 뭐 이렇게 우리가 필요한 거를 얘기를 해주면 그게 돌아서 언딘에다 시켜요, 언딘에다.

면담자　　　해경이 직접 하는 게 아니고요?

공우영　　　대책본부에 가면은 거기서 해경, 해경에서 또 언딘을 시키더라고. 그리고 뭐 밥 먹는 것도 자체도 전부 다 언딘에서 다 돈 주고 그렇게 해서 다 했고. 지금두 돈을 다 못 받고 한 20몇 프론가 30프로도 안 되게 받았어요, 총금액에서. 그렇게 얘기를 들었거든요.

면담자　　　언딘이 해경으로부터 덜 받았단 말씀이신 거죠?

공우영　　　그죠. 그게 만약에 뭐 10억을 청구를 했으면 한 3000만 원[3억 원] 정도밖에 못 받은 걸로 알고 있다고. 시킬 때는 지들 대신해서 다 시켜놓고 나서 일 끝나고 나니까는 완전 배 째라 이거지. "너무 많이 청구했다" 뭐 그런 식으로 아마 얘기한 거 같아요.

면담자　　　그 당시엔 해경이 일단은 급하니깐 언딘에게 "들어가라" 그랬고, 계약서도 없이 갔던 거죠?

공우영　　　그, 그 내용은 정확하게 몰라요, 내가.

면담자   아, 그 내용까지는 정확하지 않네요.

공우영   예.

면담자   그럼 언딘에서 잠수사들한테 일단 작업을 하고 나중에 보상해 주겠다 이런 이야기는 없었나요?

공우영   아니 그런 얘기는 안 하고. 처음에 이제 우리는 작업을 해도 이제 거기서 대부분의 잠수사들이 그랬을 거라고, '거기서 한 며칠? 며칠 작업하고 이제 간다'고 생각을 하고 거의 다들 왔기 때문에. 쭉 하다가 보니까는 시간이 점점 길어지잖아. 4월 달 지나서 5월 지나가지고 5월 중순경인가? 언제 해경 쪽에서 이제 얘기가 오더라고. 가장들이고 다 그러니까는 생활이, 나와 있으니까 생활이 안 되니까 돈을 뭐야 그거, 뭐라고 얘기해야 되나? "일당이나 이런 거를 좀 해주겠다"고 하면서 "얼마를 원하느냐?" 근데 이제 그거를 밖에 다른 업체들한테도 다 물어봤는 모양이더라고, 우린 모르는데. 그래서 이제 잠수사들끼리 의논을 해가지고 많이 주면 좋죠, 우리야 뭐.

면담자   그렇죠.

공우영   일당 뭐 200만 원, 300만 원 주면 얼마나 좋아. 근데 현실적으로 그것도 안 맞고 그러니까는, 우리가 기본적으로 보통 한 50만 원, 60만 원 뭐, 30만 원서부터 한 60만 원. 고 담에 시체 이런 작업은 한번 나가면 몇백만 원씩 또 받고 그러는데 그걸 어디에다가 기준을 둘 수가 없더라고. 그래서 이제 우리끼리 얘기를 해서 "100만 원 정도면 적정하지 않냐?" 그래 가지고는 그렇게 얘기가 됐어요. 됐는데, 걔들이 준다 그래 놓고는 나중에는 이제 자기들끼리 알아봤겠지, 자기들도. 근데 국제 거기 샐비지[salvage] 단가보다는 적어요, 그게. 그래서 정서상 100만 원은 안 되고 98만 원으로 책정을 했어요.

면담자　　　그럼 해경과 얘기됐던 게 일단 98만 원 일당으로 계산을 하자?

공우영　　　해경에서 일방적으로 98만 원으로 책정해서 준 거예요.

면담자　　　그럼 4월부터 작업하신 걸 모두 포함하는 건가요? 아님 5월 중순 이후 것만.

공우영　　　처음서부터 쭉 있던 그거를 갖다 주겠단 얘기지, 그러니까 하루의 일당[을]. 근데 결론적으로는 몸이 아퍼서 밖에 나가서 병원을 갔다 오고 하고 그러는 건 다 빼버리고 실질적으로 그 안에서 작업을 한 사람들만 그 일당을 그렇게 쳐주더라고. 그래서 나 같은 경우에는 뭐 책임자라고 덤터기를 씌울라고 그러는진 몰라도, 30만 원을 더 주더라고.

면담자　　　그게 나중에 공소장에 있었던 내용인 거죠?

공우영　　　예, 그래 가지고 130만 원을 주더라고. 난 달란 적도 없고 그렇게 저거 한 적도 없고 그랬었는데.

면담자　　　당시 잠수사들은 정해진 일당에 불만 같은 거 없었나요?

공우영　　　그렇게 불만은 없었어요.

면담자　　　불만이 딱히 있진 않았어요?

공우영   그거 이제 한꺼번에 다 모여서 이렇게 얘기를 했거든, 우리가. 그거 뭐 우리가 임의대로 결정할 수 있는 것도 아니고, 내가 돈 주는 것도 아니고. 그거를 잠수사들한테 돈, 의견을 해가지고, 전체적으로 회의를 해서 이렇게 했으면 [한 건데], 이 사람 저 사람 쭉 얘기하다 보니까 중구난방으로 막 나오니까, 어느 정도 하면, "100만 원 정도 허면 그래도 좀 적은 듯하지만은 그래도 그것이 낫지 않냐?" 그래서 합의 봐가지고 그렇게 얘기가 된 거죠.

면담자   그럼 지금 말씀하신 일당은 언딘에서 알려줬나요, 해경에서 연락이 온 건가요?

공우영   아, 해경에서 연락이 온 거지.

면담자   해경에서 직접요?

공우영   예. 거기서 해경에서 연락, 언딘하고도 해서 연락 오고 뭐 여기저기 다 왔더라고. 거기 같이 생활하고 있으니까 그런 얘길 하더라고.

면담자   그럼 5월 중순이면 참사 나고 한 달 정도 지난 다음인데요?

공우영   그렇죠.

면담자   해경에서 연락이 오기 전에 불안하거나 그런 건 없으셨어요?

공우영   그런 건 없었죠.

면담자   해경의 지원도 부족한 상황에서 '수색 작업에 대한 일당 같은 걸 떼먹을 수도 있겠다' 이런 생각까진 없으셨나 봐요.

공우영   '돈 받는다'고 그렇게 생각은 안 하고.

면담자   애초에 받아야 한다는 생각을 안 하신 거예요?

공우영   애초에 돈을 뭐 주고 안 주고 그걸 떠나서 우선 실종자가 많잖아요, 시신이. 그니까는 우선 작업하고 하다 보면은 뭐 몸이 안 좋아서 저거 한 사람은 나가고 저거 하고 하는 생각이지, 거기서 뭐 얼마를 돈을 내놔라 마라 그런 [얘기를] 할 계제도 아니었고, 그렇게 할 수도 없었고 또.

면담자   당시 그런 소문이 있었잖아요. "시신 한 구당 300만 원 받는다" 이런 소문들요.

공우영   아니 아니, 최고 기분 나쁜 거는 음 민, 민 누구지? 그때 당시에 민병, 지금 국회의원 된 사람.

면담자   민경욱이요?

공우영   민경욱인가?

면담자   대통령비서실 대변인 말씀하시는 거죠?

공우영   대변인인가 뭐 하는 사람이.

면담자   민경욱이요.

공우영   그때 당시에 "민간 잠수사들이 시신 한 구에 500만 원씩 받는다" 이렇게 얘기해 가지고, 방송에도 아마 나왔는 거 같애요.

그래 가지고 잠수사들이 그때 밖에 이제 파도[가 너무 높이] 쳐서 나가 있었고. 나는 못 나갔었어요, 그때는. 전화가 와가지고, "형님, 이런 얘기를 하는데 우리가 이거 이 일을 여기서 계속해야 되냐? 어째야 되냐?" 막 그러더라고. 그래서 야 진짜 승질나더라고 그래서. 아니 500만 원씩 받으면 엄청 많이 받지, 그냥 우리가 몇 명 올렸는지도 우리는 생각도 안 하고 그렇게 하는데. 그 청와대에 무슨 관리하는 사람이, 그런 관리직에 있는 사람이 그런 소릴 할 때는 진짜. 야, 이게 진짜 대통령을, 그때 당시에는 몰랐으니까, 대통령을 보필하는 사람이 저런 상식을 갖고 저런 얘길 한다는 거는 이해가 안 가고 막 그래 가지고…, 갈라는 거를 해경이 자꾸만 말리는 거지. 이제 그 소릴 듣고, "일단 들어와라, 나하고 들어와서 얘기하고 그러고 나서 우리가 조치를 취하자" 해가지고, 이제 들어와서 얘기를 해가지고 그러고 다시 작업을 한 거죠, 거기서.

면담자   민경욱 대변인이 500만 원 얘기했던 게 5월 25일, 일당이 98만 원으로 해경이 통보하기 전인가요, 이후였나요?

공우영   이후일 건데 아마, 확실히 모르겠는데 이훈가 그럴 거예요, 아마. 그것도 뭐 "사석에서 식사 자리에서 뭐 얘기했다"고 그런 식으로 이렇게 변명을 하더라고. 변명이고 지랄이고 미친 자식이지 그게 어디 사람이냐고, 우리가 무슨 시신 갖고 장사하는 사람도 아니고.

면담자   그맘때가 "유가족들이 시체로 장사한다"는 악소문이 퍼질 때였잖아요.

공우영　　　뭐 그런 소리도 들렸어요, "우리가 감춰놓고 누가 온다 그러면 이렇게 들고 올라온다"고. 참 진짜 말도 안 되는 소리에 승질나 가지고 그때 당시에는…. "야, 이거 우리가 진짜 계속 여기서 이걸 해야 되냐?" 그런 소리가 막 하고 갈라고도 했어요, 그때 당시에 하도 안 좋아 가지고.

면담자　　　그 당시에 계속 바다 위에 계셨잖아요.

공우영　　　예.

면담자　　　바지에 계실 때 육지에서의 소식 같은 거는 누가 건네줬던 건가요? 왔다 갔다 하는 잠수사들이 건네줬던 건지 아니면 해경 쪽이 전달해 준 건지.

공우영　　　아니 인터넷, 인터넷은 되거든요, 가끔가다. 그럼 인터넷을 보고, 전화는 잘 안 되도 인터넷이 되더라고.

면담자　　　전화는 안 돼도 인터넷은.

공우영　　　전화 잘되는 데가 있고 안 되는 데가 있고 그래요, 거기. 저거를, 기기를 설치를 안 해놔 가지고. KT인가 거기는 잘되고 SK하고 LG인가 그거는 또 잘 안 되더라고. 그런데 인터넷은 돼요. 인터넷 보면서 그런 걸 보고서는 이제….

면담자　　　외부 소식을 해경 쪽에서 정리해서 알려주거나 이런 거는 없었나요?

공우영　　　안 해줘요, 걔들이 얘기를. 그런 얘기해 주나 안 해주지.

면담자   어제도 말씀하실 때 유가족 사이에서 안 좋은 소문이
돈 적이 있었고, 그래서 '작업을 중단해야 하나' 고민하셨던 적이 있
었다고요.

공우영   네.

면담자   방금 전 말씀도 그렇고요. 3개월 동안 잠수사분들이
계속 작업을 하셨는데요. 작업이 중단될 뻔한 적이 몇 번 있었나요?

공우영   예, 몇 번. 한번은 가족, 그때 저기 지금 [4·16세월호참
사가족협의회] 위원장 말고 그때 당시에 누구냐 그 대리기사하고 싸
움했다는 그분이 이제 하고 가족들하고 왔는데, 그때 브리핑을 했어
요. 했는데 나보고 누구 해경에선가 누가 "얘기해 주라"고 그래서 얘
기를 하는 도중에 이거는 인양하고 병행을 해야 된다, 이제 그런 식
으로 내 얘기를 했더니 그 사람이 막 뭐라 하더라고. 그래서 거기서
싫은 소리하고, "내가 무슨 못 할 소리 했냐?"고, "나 이거 드러워서
몬 하겠다"고, "보따리 싸가지고 간다"고, 내가 그때 여러, 그때 두
번인가 그 정도 그렇게 했다고.

면담자   작업 중단 위기는 몇 번 있었던 거죠?

공우영   그거하고 가족 그때하고, 어제 또 얘기하던 실종자 가
족 얘기한 거 하고 민경욱 그 사람이 또 그런 소리한 거하고. 한 세
번? 세 번인가? 보따리 싸가지고 나올래다가 말고, 또 그래 가지고
할 수 없이 그냥. '우리가 가면 또 누가 또 하겠냐' 싶어 가지고 마음
가라앉혀 가지고 또 다시 하고….

89
•
2회차

면담자   제 기억에는 거제에서인가 "대형 크레인이 출발한다 만다" 이런 기사들을 봤던 기억이 있어요. 인양 준비 때문에요.

공우영   그거는.

면담자   그런 소식도 들으셨어요?

공우영   그거는 소식은 몰라도 그 주변에 다 와 있으니까 배가 다 보이죠, 보이는데. 그건 해수부나 해경 쪽에서 잘못하는 거죠. 저들 뭐 말한다고 장비가 다 오고 다 들어서 그냥 바로 들을 수도 없는 것 아니냐고. 진짜 정신 나간 정부, 공무원들이지 그거는. 그건 뭐 조사도 안 해보고 인양 합의도 안 되고 나서 '장비만 오라' 그러면 그게 일이 되냐고 그게, 안 되지. 쪼끄만 배 하나 가라앉아도 인양을 할라면은 거기에서 선주하고 합의도 봐야 되고, 건지는 데 금액도 있고 이런저런 게 다 들어가는데, 공무원들이라고 뭐 말만 하고 저들은 사업하다 말고 그냥 와서 그렇게 처박아 앉아놓고서는 그게 말이 되는 소리냐고.

면담자   당시 언론 기사에는 "대형 크레인들이 왔는데 정작 할 수 있는 게 없어서 매일 대여료만 세금으로 내고 있다" 이런 내용이 있거든요.

공우영   못 건지죠, 그거로 해가지고. 준비도 안 돼 있는데 뭘로 건지냐고. 다 건질라 하면은 체인이나 와이어나 뭐 해가, 들 수 있는 게 있어야 되고 그게 10000미터인데 8000톤하고 뭐 3000톤 타고 두 대가 와서 뭐, 뭐 준비도 안 돼 있는데 뭘 건지냐고. 말도 안 되는 소리지, 그건.

면담자   해경에서도 헬리콥터, 경비정 등이 있었다고 하는데
요. 해경 장비를 통해 바지에 지원 들어오는 건 여전히 없었나요?

공우영   그건 없고, 이제 나중에 육지에서 뭐야 그, 보급품이
라 해야 되나 뭐 이렇게 지원해 주는 물건들이 와요. 그러면 이게 오
다 보면은 어서 오는지 우리 배에 오면은 갖다 놔도 다 없어져. 어디
로 갔는가 없어. 우리한테 오는 거는 뭐 양말, 양말이나 추리닝 같은
거 그런 거 하고. 또 거기서 우리한테 물어보더라고 뭐가, "잠수하는
데 뭐가 필요하냐?" 그러면 우리 뭐야, 그 "내피를 좀 달라" 했더니
그게 어디로 갔는지 없어요, 주지도 않더라고 그런 거.

면담자   그걸 달라고 요청했는데 안 들어왔어요?

공우영   자기들이 얘길 했기 땜에 우리가 얘기를 한 거지 우리
가 이걸 달라고 한 건 아니거든 거기서. 그러면 우리한테 갖다줘야
되는데 그게 어디로 갔는지 없어요. 그게 해경으로 갔는지 어디로
갔는지. 해경도 잠수부가 많으니까 지들이 가져갔는지 그건 모르는
데. 우리가 뭐 이거를 요구한 것도 아니고. 진짜 TV도 우리는 없었
어요. TV 안 봤어요, 거기서.

면담자   다른 바지나 팀에는 TV가 있었나요?

공우영   우리 바지에는 TV 자체가 없었어요.

면담자   아, 아, 바지 전체에요?

공우영   예, 예.

면담자   그럼 바지에 물건이 들어오면 그걸 배분하는 건 누가 했나요?

공우영   담당은 해경 애들이 하고 다.

면담자   해경들이?

공우영   해경 배로 와서 해경 애들이 담당하고. 해경이 하루에도 몇 수십 명이 왔다 갔다 하는데 뭐.

면담자   바지 위에 언론사들도 올라왔었죠?

공우영   언론사들도 자주 올라오죠.

면담자   그중에 인상적인 거 없으세요?

공우영   그건 모르겠어요. 우리 작업할 때만 왔다 가고 하고 그러니깐.

면담자   작업할 때 와서 촬영하고 가고 이런 식이었나요?

공우영   이제 누가 왔을 때 그걸, 대통령 온대든가 누가 올 때마다 이렇게 오대, 오더라고, 국회의원들 오고 그럴 때. 누가 국회의원인지 알아? 우리는. 모르지, 저 사람이 누군지도 모르지.

면담자   바지 위에 언론사든 누구든 많았지만 특별히 기억나는 건 없으신 거예요?

공우영   기억나는 건 김현미 의원 한번 와가지고 우리 컨테이너 안에서 같이 우리하고 얘기 한번 하고.

면담자   어떤 얘기 나누셨어요, 그때?

공우영   우리한테 "도와줄 게 뭐 없냐?"고 하면서 얘기해 주는데 뭐 별, 얘기 듣고 가서는 별 아무것도 없더라고.

면담자   그다음에 지원된 게 없었어요?

공우영   그게 와봐야 피곤해요, 그런 사람들은. 다 국회의원이고 공무원들이고 오면은, 와봐야 다 피곤하더라고.

면담자   대통령이 팽목항에 온다 했을 때는요?

공우영   팽목항에 오고 "우리 배에 온다" 그럴 때 우리 잠수사 "세 명 나오라" 그러더라고, 세 명. 두 명은 슈트 입고, 나하고 두 명 우리 세 명이 나와서.

면담자   일부러 잠수복을 입힌 거예요?

공우영   예. "입으라" 그러더라고 해경, 해경 이쪽에서. 그래서 "더워 죽겠는데 누가 입냐?" 그래서 나중에 "다 벗으라" 그랬지, 내가. 보지도 못했어요, 대통령은. 우리 바지 같으면 여기서 이렇게 와서 대통령이 이렇게 해서 이렇게 해가지고 이렇게 해서 이렇게 나가는 게 코슨데, 요 쪽에는 군 그리고 해경 쫙 있고 우리하고 가족들 맨 끝에다가 이렇게 세워놓드라고. 와 그래서 승질나 가지고. 거기 그 플래카드에는 민간·군 합동조사 뭐 하면서 이렇게 써놨는데, 민간·군이 우리는 최고 뒤에서 세 명이 나와가지고 가족들 두 명인가 세 명하고 그 뒤에 있는 거야. 그래서 기다리다가 승질나 가지고 그냥 올라와 버렸지, 숙소로.

면담자 　　　　다른 분들은 작업하고 계셨던?

공우영 　　　　아니 작업 끝났을 때니까.

면담자 　　　　작업 끝났을 때 대통령이 왔네요. 대통령이 특별히 위
로하거나 이런 건 없었어요?

공우영 　　　　대통령을 보지를 못했는데 위로를 뭘 해. 그게 잘못된
게 민간이고 군이고, 민간인들하고 잠수사들 다 나와서 대통령하고,
대통령이 얘길 한다든가 무슨 뭘 저걸 해야 되는데, 즈그 새끼들 군
인이나 해경 그놈들, 지들 아부하기 바쁜데 뭐 우리는 쳐다도 안 보
는데, 뭐. 그게 관료들이 그렇게 하는 저기라고.

면담자 　　　　그죠.

공우영 　　　　그래가 승질나 가지고…. 근데 사진은 보면, 나중에 사
진 한번 찾아보시면 알겠지만은 민간 잠수사가 그때 와가지고 대통령
하고 악수한 사진이 있어요. 근데 그 사람은 난 모르는 사람이야.

면담자 　　　　그럼 같이 작업한 분도 아닌 건가요?

공우영 　　　　아, 여기 들어오도 않은 사람이야.

면담자 　　　　그럼 설정으로 만든 사진일까요?

공우영 　　　　모르겠어요, 그거는 정확하게, 그 사람이 누군지.

면담자 　　　　그럼 대통령과 악수하는 사진에 있는 민간 잠수사는?

공우영 　　　　우리하고.

면담자   작업한 사람은.

공우영   작업 한 번도, 얼굴도 모르는 사람이에요.

면담자   사진에 보면 민간 잠수사 옷을 입고 있나요?

공우영   민간 잠수사는 그냥 사복을 입었으니까 어떤 놈이 민간 잠수산지 어떻게 알아? 모르지. 나중에 누구한테 얘기 들으니까 "밖에서 들어와, 같이 들어왔다가 나간 사람"이라 그러더라고, 그게 민간 잠수사라고. 그러니 청와대 비서관이나 다 똑같애, 똑같은 놈들이야.

면담자   어쨌든 안산합동분향소 사건도 기억나시지요?

공우영   예.

면담자   대통령이 조문 갔다가 유가족이라 해서 악수했는데 그 할머니가 유가족 아니어 가지고.

공우영   나중에 들었어요, 그때는 몰랐고.

면담자   그때도 논란이 있었거든요.

공우영   나도 얼마 전에 그거 알았었는데.

면담자   박근혜 대통령은 유가족이라고 인사했는데, 유가족 중에 그분을 아는 분이 없다더라고요.

공우영   사진을, 사진은 [봤는데]. 얘기 [나온 뉴스는] 못 봤는데, 얼마 전에 얘기 들었어요, 우리하고 똑같지 뭐.

면담자　　　4월부터 7월까지 계셨었는데요. 잠수사님은 몸에 부상을 입은 건 없으시지요?

공우영　　　그때 화장실에 가가지고, 화장실에 갔는데 별안간에 배가 흔들리더라고. 어떻게 잡고 딱 섰는데 배가 흔들린 게 아니라 내 몸이 막 저기 돼가지고[휘청거려서]. 그 잠깐 있으니까 또 괜찮더라고 그래 가지고….

면담자　　　배가 흔들린 게 아니고 몸이 휘청하신 거네요.

공우영　　　내가, 내가 무슨 스트레스받아서 그런지 뭐 해서 그런지. 그래 가지고 한번 거기서 저거[기절] 할 뻔했던 기억이 한 번. 거기서 아프고 그렇게 특별나게 아프고 하고 그런 건 없었죠.

면담자　　　찾아보다 보니까 메니에르병이 있으신 거 같던데?

공우영　　　메니에르 해가지고 한 [20]15년 1월 20일부터 한 일주일 정도 병원에 입원했다가 거기서 몰라가지고 건양대 병원에서 허혈성 뇌질환이라고 그렇게 판단이 되고, 그래 가지고 논산에 이비인후과 갔더니 "메니에르"라고 그러더라고. 그래서 약 먹었더니 좀 나아졌어요.

면담자　　　메니에르병을 잘 몰라서요. 대충 어떤 건지요?

공우영　　　그게….

면담자　　　증상이라도 말씀해 주세요.

공우영　　　증상이 막 어지럽고 속이 메스껍고 그러더라고. 그게 일반, 저기 뭐 메니에르 말고 귀에 하는….

면담자　　　이명증이요?

공우영　　　"이명하고 비슷하다"고 그러더라고, 쓰러져 가지고. 그때도 1월 21일 날 목포에, 목포 거기 어디야 그거, 전라남도청에 가기로 했었거든요. 근데 아침에 다 씻고 이제 옷 입을라고 그러는데 못 일어나 가지고, 쓰러져서. 그냥 병원에 바로 실려 갔지.

면담자　　　그럼 배 위에서 신체적으로 직접 부상을 입었다거나 이런 건 없으신 거죠?

공우영　　　그런 건 없었어요, 그때.

면담자　　　당시에 물에 들어간 잠수사들 중에 "다쳐서 나갔다"는 분들도 계시더라고요.

공우영　　　그거….

면담자　　　기억나는 다쳤던 사람들이나?

공우영　　　어디 크게 다친 거는 없고, 관홍이가 다이빙하고 올라와서 챔버에 들어갔는데 챔버에서 기절을 해가지고, 그래 가지고 간신히 나와서 해군 챔버에 들어가서 치료했다가, 다시 삼천포, 삼천포 거기 서울병원에 가서 한 며칠 챔버 치료하고 그러고 들어왔죠.

면담자　　　무리한 잠수와 감압 때문에 그런 건가요?

공우영　　　그런 것도 있고 스트레스받은 것도 있고 여러 가지 증상이…. 계속 다이빙을, 하루에 한 번 해야 되는데 보통 하루에 두 번씩 하고 이러니까.

면담자   제가 기사를 찾아보니 골괴사 문제도 있더라고요.

공우영   예.

면담자   그 얘기를 좀 더 해주시면….

공우영   골괴사 같은 경우에는 보통 산업현장에서, 만약에 어느 현장, 만약에 제주도면 제주도 현장에서 어느 회사에서 거기서 일을 하다가 몸이 아파서 병원에 갔는데 골괴사가 판정이 되면 거기서 산재를 해주게 돼 있어요. 근데 우리가 거기서, 밖에서 잠수를 하다가 세월호 가서 했잖아요. 세월호에서 했으면 산업에서 하는 걸로 따지면은 거기에서 해줘야 되는.

면담자   그렇죠.

공우영   근데 이상해, 그게. 어떻게 돼 있는지 그거를 인정을 안 해주더라고. 그리고 의사도 거기가 통영에 무슨 병원이야, 통영에 병원 원장하고 저쪽에 강릉에 병원 보는 사람이 골괴사란 판정을 안 해주더라고 그놈들이. 의사라는 새끼들이 그 지랄 하더라고. 요번에 보상받을 때 골괴사가 인정이 안 됐어요. 그래서 내가 하는 소리가 이 정부는 "일반 개인 업체만도 못한 정부"라고. 그런 건 지들이 해줘야 되고 그때 당시에 해양경찰청장 김석균이가 거기 와가지고 "충분한 보상을 해주겠다. 편안하게 치료를 하시라"고 그렇게 얘기해 놓고 지는 사표 내고 고만두고 그런 한심한 공무원 놈들이 어딨냐고.

면담자　　　그럼 후배 잠수사 중에서 골괴사 판정받은 분이 한 분이셨나요?

공우영　　　아, 많죠.

면담자　　　여러 분이 계셨던 거예요?

공우영　　　그럼. 우리 거기 같이 있던 사람만 해도 김순종 씨는 거기서 그때 골괴사 수술을 했고. 황병주, 이상진, 강유성이, 한 일고여덟, 일고여덟 명 그 정도 돼요.

면담자　　　그럼 골괴사 판정이 되면 치료 후 복귀를 할 수 있는 건가요? 아니면 쫌….

공우영　　　치료를 해도 뼛속에 골이 그게 썩어요. 그럼 "그거를 다 긁어내고 인공 저걸로 해서 집어넣는다" 하더라고. 나는 정확하게 그건 의사가 아니라 모르는데, 그래 해가지고 정상적으로는 못 돌아오죠. 산재에서도 보통 이렇게 하다 보면 치료, 수술하고 거기서 일 못 한 것까지, 휴업수당까지 해가지고 보통 한 1억 몇천 나오거든요. "1억 한 2000에서 몇천 나온다"고 그러더라고. 근데 정부에서는 뭐 1원 한 푼 안 주는 거지.

면담자　　　다른 잠수사 중에서 어떤 부상이 잦았다거나 이런 기억 있으세요?

공우영　　　그런 거는 감기 때문에 저거 했지, 다른 거는 그렇게 없었어요.

면담자　　　감기로 고생들을 많이 하셨어요?

공우영 　　　거기는 계속 24시간 하고 물속에, 찬물 속에 들어가니까, 감기 때문에 코에 이렇게 뭐 하는, 뿌리는 거 있어요, 국산 그거. 그때 당시에는 의사들이 교대로 한 명씩 왔었는데 그런 약도 하나, 한두 개 갖고 들어오는 거예요. "여러 사람 써야 된다"고 달래도 안 주더라고. 그거 뭐 하러 오냐고. 지원해 주는 게 아니라, 우리 바지도 좁은데 와서 자리만 잡고 앉아 있는 거지. 그런 의사들이 투입이 되고….

면담자 　　　당시에 의사들도 잠수 전문의는 아니었잖아요?

공우영 　　　거긴 아니었고, 해군에서 군의관이 나와요. 나오는데, 사고 나기 전에는 아예 없었고, 사고 나고, 이광욱 씨 사망 사고 나고 나서부터 와 있더라고.

면담자 　　　의사들이 계속해서 잠수사 건강을 체크하고 그랬나요?

공우영 　　　혈압 체크했지, 혈압.

면담자 　　　이광욱 잠수사님 사망 이후에.

공우영 　　　예, 사고 나고 난 뒤에. 혈압 체크해서 혈압 높으면 다이빙 못 하게 하잖아요. 다이빙할 사람[이] 없는데 뭐.

면담자 　　　의사들이 혈압 체크는 계속했던 거죠?

공우영 　　　아니, 해도 우리 한 20여 명 되는데 혈압 체크를 해가지고 다이빙 못 하는 사람 한 10여 명 이상 뭐, 거의 다 거기서 막 스트레스를 받고 저거 하니까. 혈압이 안 높은 사람이 어디 있냐고. 그러니까 혈압 체크를 하면 다이빙할 사람이 하나도 없어요. 그래서 나중엔 안 했어요.

면담자　　　처음에는 하다가?

공우영　　　처음에는 해도 다이빙 못 하는데 뭐 어떡해, 그럼? 그래서 나중엔 안 했지.

면담자　　　그럼 잠수 끝나고 올라왔을 때 혈압 체크는요?

공우영　　　체크하는 사람 없어요.

면담자　　　건강상태 일반에 대한 체크, 지원 그런 것도 없었나요?

공우영　　　없었어요. 처음에는 아예 없었고, 사망 사고 나고 난 뒤에는 와서 상주하고 있고 육상에서도 의사 하나 와 있고. 약은 뭐…, 오면 뭘 해, 약도 안 갖고 오는 그거 뭐.

면담자　　　사실 그 당시에 잠수사들이 계속 과로 상태였잖아요.

공우영　　　그렇죠.

면담자　　　과로 상태에서 잠수사의 건강을 체크하거나 돌봐주는 건 개인이 알아서 해야 했던 거예요?

공우영　　　오는 게 이제 물리치료사들, 한의사, 그다음에 양의사 뭐 그런 사람들이 교대로 들어와요. 근데 저거 한 사람들은 물리치료사들이 도움이 많이 되고.

면담자　　　물리치료사는 좀 도움이 되셨어요?

공우영　　　예. 피곤하고 저거 하면 마사지도 해주고 하니까 도움들이 많이 되고, 한의사들이 도움이 되고.

면담자   한의사들은 오면 어떤 걸 해줘요?

공우영   와서 어디 몸도 아프고 그러면 뜸도 떠주고 침도 놔주고…. 근데 양의사는 있어 봐야 별 소용도 없더라고.

면담자   한의사랑 물리치료사들은 들어오면은 숙소에서 치료를 해줬던 건가요?

공우영   컨테이너를 하나 비워가지고 거기다 침대를 몇 개 놓고서는 거기서 물리치료도 하고 한의사들 침도 놔주고.

면담자   그럼 공우영 잠수사님도 물리치료나 뜸 같은 거 받아 보셨어요?

공우영   안 해봤어요.

면담자   안 해보셨어요?

공우영   예.

면담자   그래도 위에서 3개월 있으시면 피곤하셨을 텐데.

공우영   아 그거 할 시간에 잠자야지, 피곤해 가지고, 그래서 안 했어요.

7월 이후

면담자   그러면 7월 이후 얘기를 좀 여쭤보고 싶은데요. 배 위에서 직접적인 물리적 부상은 없으셨던 거 같은데요, 그 이후에 신체적으로나 정신적으로나 그 일을 계기로 부상, 트라우마가 생긴 게 있나요?

공우영   그런 거는 그때 어지러워서 쓰러져 가지고 병원에 입원한 그거.

면담자   시간이 지나고 [20]15년 1월에요.

공우영   예. 그것도 이제 재판 도중에 우리 변호사가 사실 증명, 사실 확인서를 해경에다 요청을 했는데 이놈들이 온 게, 써놓은 게 순 "내가 잘못했다"고 고런 식으로 써 왔더라고. 그래 가지고 내가 해경 경비안전국장 이춘재하고 평택해경 서장 임근재한테 전화해 가지고 내 뭐라 했거든, "니들 인마, 내가 그렇게 도와줬는데 나한테 이런 식으로 하냐?"고. 그래서 다시 보내가지고 다시 써서 왔어요. 그래 가지고 그때 막 열받아 가지고 그러고 나서 쓰러졌거든, 내가.

면담자   그게 15년 1월이죠?

공우영   네.

면담자   그럼 수색 작업의 경험이 직접적으로 트라우마로?

공우영   트라우마는 있는데 생색을 안 내죠. 이게 막 잘 때도,

자기 전에도 거기서 있었던 시신들 생각나고 해도 그런 거를 이렇게 혼자 저거 해야지 누구한테 그렇다고 얘기할 수도 없는 거고. 마누라한테 얘기한들 마누라가 그걸 뭐, 그런 저기를 아냐고.

면담자　　　그것도 궁금했는데요. 오랫동안 바다에 계셨으면 가족분들이 어땠을지도 궁금해요.

공우영　　　집사람이 전화 와서 "왜 욕먹고 거기 있냐?"고, "빨리 당장 오라"고, 그때 이제 방송에서 나오니까, 맨 집사람은 보면 방송 보니까, "왜 당신이 뭘 잘못을 한다고 욕먹고 거기 있냐?"고.

면담자　　　가족과 그런 연락을.

공우영　　　전화하면은, 전화 오면 "오라"고 난리지 뭐, 애들도 그렇고. "아빠, 왜 거기 가서 있냐?"고 "욕먹으면서", "좋은 일 하러 갔다가 왜 욕을 먹고 있냐?"고 그러면서 막 오라 그랬지.

면담자　　　그럼 당시에 욕을 먹는 상황 속에서.

공우영　　　그때 당시에 욕 많이 먹었잖아요, 우리가.

면담자　　　그것도 엄청 스트레스였을 거 같아요.

공우영　　　근데 그거는 우리가 직접 못 들으니까, 방송을 모르니까, 안 보니까 모르지.

면담자　　　그럼 7월 이후에 주변 친구나 친척들 만날 때요, 명절이든 평상시든 그럴 때 '잠수사들에 대한 비난이 있을 수도 있다' 이런 걱정은 없으셨어요?

공우영   글쎄 뭐 내가 아는 사람은 나한테는 그런, 나를 아는 사람들은 그런 얘길 안 하지. 그렇게 내가 가서, 어디 가서 욕먹을 짓을 안 하니까, 그런 얘긴 안 해.

면담자   그럼 잠수사님이 집으로 가신 뒤에, 사모님께서 '당신 왜 이리 몸이 약해졌냐? 밤잠 설치냐' 이런 건 없었어요?

공우영   집사람은 그때 이제 장사했어 가지고, 밤에 이제 장사하고 저거 했기 때문에 그런 건 모르죠, 잘.

면담자   힘드신 게 있어도 혼자 견디고?

공우영   내색을 잘 안 하는 편이라 그런 거를 누구한테 이렇게 얘기 잘 안 해요, 집에서도 얘길 안 하고.

면담자   따님이나 아드님한테도 얘기 안 하셨어요?

공우영   애들한테 더 안 하지. 하면 마누라한테 하지 뭐 애들한테 뭘 해, 괜히 애들 걱정되게.

면담자   그럼 7월 이후에 나오셔서 세월호 사건 때문에 직접적으로 병원 치료를 받으신 거는 2015년 1월에 쓰러지셨을 때 그때인 건가요?

공우영   그때도 그랬고. 그때가 어디야, 서울시립동부병원인가 거기에서 어디, 어디 허린가 어디가 좌우지간 뭐 몸이 아파 가지고 거기서 약 좀 지어 먹고, MRI 찍어보니까 나도 이렇게 골괴사가 있더라고 그래서….

면담자	아, 공 잠수사님도 골괴사가 있으시네요.

공우영   옛날에 다이빙을 좀 하고 그래서 골괴사가 있었지.

면담자   그게 혹시 언제쯤이에요?

공우영   글쎄, 그게 우리 "치료를 해준다", "안 해준다" 막 하고 작년, 작년인가 그럴 거예요, 아마 작년 초. 봄인가 여름인가 작년 초….

면담자   16년 봄이나 여름쯤.

공우영   예, 예. 여름인가 그때였을 거예요. 그때 시장이 저걸 해준다고 해서, 우리 치료해 준다 해가지고 거기 가서 한 거.

면담자   알겠습니다. 그럼 따로 정신과 치료를 받아보신 적은 없으세요?

공우영   명동에서 그때 당시에 정혜신 박사가 오셔가지고 일주일에 한 번씩 잠수사들을 몇 명, 서울 쪽에 이렇게 있는 사람들 몇 명 해가지고 상담도 하고 그래 가지고 한 몇 번 갔었죠, 그때.

면담자   그럼 가면은 좀 효과가 있나요?

공우영   좋은 얘기해 주고 하니까. 그리고 또 황병준가 걔는 심각했었거든, 엄청. 근데 정혜신 박사 만나고 나서 엄청 좋아졌어요, 걔는. 많이 좋아졌어요.

면담자   정혜신 박사 치료 프로그램 하고 많이 좋아지셨어요?

공우영   예, 좋아졌어요.

면담자   그 뭐죠. 힐링 마을? 그거는 어떤 거예요?

공우영   이거 [정혜신 박사]하고 상관없고, 안산에 온마음센터라고 있어요.

면담자   예, 온마음센터 알아요.

공우영   정부에서 지원을 받아서 하는 건지 뭐 하는 건지 모르는데, 가족들하고, 이제 나중에 우리한테 연락이 와서 저걸 "[치료를] 하자" 그래서 어디야 그거 홍천인가 거기 한 번 갔다 오고 고다음에 무주에 또 한 번 갔다 오고 그래서 두 번 갔다 왔어요.

면담자   거기도 가면 치유 프로그램 하는 건가요?

공우영   치유 프로그램도 하고. 홍천은 가니까는 이제 완전히 산속이라 뭐 전화도 안 되고 막 그러더라고 근데….

면담자   갑갑하셨겠어요.

공우영   우리는 그거 두 번 다시는 못 가졌더라고. 근데 좋아하는 사람도 있더라고요, 있긴. 우리는 그런 걸 원한 거지. "우리끼리 모여서 운동도 하고, 우리끼리 모여서 이렇게 떠들고 이런 거를 해달라" 했더니 나중에 무주 가가지고, 1박 2일 그러고 해준 거지.

면담자   무주에는 잠수사님들끼리 가신 거죠?

공우영   그렇죠. 우리끼리만 해가지고 펜션 빌려가지고 어디서 버스 대주고 그래서 한 거지.

면담자   이건 좀 여쭤보기 어려운 건데요. 후배 잠수사 중에 부상을 입거나 트라우마를 겪는 분들이 계시잖아요. 근데 어제 말씀하신 것처럼 후배들은 공우영 잠수사님에 대한 믿음, 신뢰 이런 걸 가지고 작업을 했단 말이죠. 그런데 정부에서 치료나 사후 조치가 안 되는 상황이잖아요. 이것 때문에 스트레스받는 건 없으신가요?

공우영   그거는 동생들한테 미안한 게, 정부에서 좀 우리를 조금이라도, 아무리 돈을 받았어도 그거를 조금이라도 생각을 해주면은 좋았을 텐데, 거기 갔다 와서 일을 못 하는 애들이 많아요.

면담자   꽤 많아요?

공우영   예, 몇 명이 있어요, 잠수도 못 하고. 몸이 저거 돼서 또 못 하는 애들도 있고 그런 놈 몇 명이 있어요.

면담자   김관홍 잠수사님도 생전 인터뷰를 보면 잠수 일 못 하고 대리운전 하시고 그런 이야기들을 봤던 거 같아요. 김 잠수사님이 유독 심한 부상을 입으셨던 건가요? 아니면 부상당한 잠수사들의 일반적인 상황인 건가요?

공우영   관홍이도 쪼금 심하긴 심했는데 이제 일을 못 한대는 거는, 매스컴에 우리가 부각이 됐잖아요. 일당이 하루에 100만 원이고 막 이러니까 "단가가 비싸다" 이거지, 고 담에 골괴사가 있기 때문에 또 소외가 되고, 현장에서. 그러다 보니까 일을 못 하는 경향이, 옛날만 못 한 거죠.

면담자   그러니까 '세월호 현장에 다녀온 잠수사들은 골괴사도 있고 부상도 있으니깐 산업잠수사로 안 쓴다' 이렇게 된 거네요?

| 공우영 | '단가도 비싸다' 그런 소문이 나는 거지. |

| 면담자 | 업계에서 그런 소문이? |

| 공우영 | 아, 맨날 방송에 나오니까. 그러니까는 본의 아니게 그런 피해를 많이 보는 거지. |

| 면담자 | 혹시 그런 걸 직접 들으신 적도 있으세요? |

| 공우영 | 들은 적은 없는데 보면은 누가 경험상 그런 얘길 하더라고. 상진이 같은 경우에도 어디 일을 하러 갔더니 거기서 "골괴사 있고 막 저거 하다"고 해서 쫓겨 나왔더라고. |

| 면담자 | 아, 나가라고요? |

| 공우영 | 예. |

| 면담자 | 근데 민간 잠수는요, 일을 할 때에 한 분이 다른 사람들을 모아서 들어가는 경우가 많잖아요. |

| 공우영 | 그런 경우는 이제 보통 우리 회사에서 어디 현장 일 있으면 내가 데려다 쓰면 상관없어요, 나는 내가 아는 [세월호 때 잠수한 애들 데려다 써도]. 회사에 피해, 원청, 우리 회사에 피해 안 주고 그거 데려다가 쓰면 되는데, 이제 그런 현장이 일이 없으니까 그렇게 못 한, 못 한 거지. 진해서도 그래 가지고 상진이하고 애들 몇 명 내가 데려다가 같이 일도 하고 했는데, 그런 건 상관없죠. 근데 이제 그걸 다른 사람들은 이상하게 보는 거지. 골괴사, 골괴사를 치료를 안 해줄 거 같으면 아예 얘기를 해주지 말던가. 다른 데 가도 현장에 가면은 거기서 인정이 되거든. 근데 뭐 다 알려지고 나서는 이거 뭐

지들이 대책도 안 세워주고 그렇게 내몰아 버리면은 뭐가, 어떻게 해야 되는 건지 난.

면담자   그럼 부상 때문에 현장에서 일을 못 하는 게, 직접 쫓아내는 게 다른 잠수사들인 거예요? 아니면.

공우영   아니, 회사에서 그러지, 회사. 회사에서 자기들이 피해를 보잖아요. 산재를 해주면 그만치 마이너스가 되거든. 그러니까는 그런 데서 자꾸만 소외시키는 거지.

면담자   업계에서 그런 걸 다 아나 봐요? 누가 세월호 잠수를 했다 안 했다 하는 거를요.

공우영   아이 뭐, 방송에 좀 많이 나와? 다 나오는데 뭐, TV 나오고 뭐.

면담자   그러면 얘기 나온 김에요, 참 화나는 얘기가 많은데요. 국가나 중앙 부처에서 잠수사들에 대한 보상, 치료, 산재 처리 관련해서 지금까지 전체적으로 느낌이나 문제라고 생각하시는 걸 말씀해 주세요.

공우영   우선 골괴사나 뭐 이런 걸 따지면 당연히 그거 정부에서 해줘야 되는데 그걸 안 해주는 거, 고담에 치료를, 옛날에 이제 처음에 거기 우리가 첨에 나와가지고 삼천포, 삼천포서울병원에서 입원해 가지고 거기서 치료를 좀 했어요. 하다가 그해 12월 달인가? 그게 또 하고까지 하고[한 번 더 치료해 주고] 또 끊겼어. 그러다 여론에서 막, 여론이 막 저거 하니까 다시 3월 달인가 2월 달인가 다시

재개돼 가지고 또 몇 달하다 또 끊겼다가, 또 해주다가 나중에는 이제 우리가 "개인적으로 돈 들어간 거를 청구를 하라" 그래서 청구해서 그 치료비를 받고…. 지금은 모르겠어요, 어떻게 하는가. 지금도 뭐 또 올, 작년 12월? 11월, 12월 달인가? 11월 말 다 해가지고 치료보상비를 급수를 매겨서 "그거 신청해라" 해서 다 했는데….

면담자   그게 다 연락이 어디서 오는 건가요?

공우영   해경에서.

면담자   해경에서요?

공우영   수색구조관가 뭐 어딘가 거기서 하는데.

면담자   지금 국민안전처 말씀하시는 거죠?

공우영   그죠. 그래 가지고 거기서 급수를 받은 게 이제 7급, 8급, 9급 이래 해가지고 7급이 한 4400만 원 되고, 8급이 한 2000만 원 되고, 9급이 1100만 원인가 돼요. 그거 갖고 이제 치료비를 안 줘, 치료를 안 해준다고 그러더라고.

면담자   그 기준은 누가 매기는 거예요?

공우영   그거 안 가르쳐줘요.

면담자   치료 보상비 급수 매기는 기준과 근거가.

공우영   그런 거를 지들이 무슨 "심사위원을 뭐 이렇게 한다" 그러더라고, 서류상에 보니까. 근데 안 가르쳐주더라고. 내가 전화로다 승질나 가지고 물어보고, "어떤 새끼가 그러냐?"고.

면담자	'당신은 치료 보상비 몇 급입니다' 딱 이렇게만 알려주던가요?
공우영	예.
면담자	보상 급수에 대한 이유나 추가적인 설명은.
공우영	뭐에 대해서 몇 급인지도 그런 것도 없고. 나 같은 경우에는 불인정을 받았기 때문에, 불인정을 해가지고 그걸로 끝내고 "이의가 있으면 이의신청을 하라" 그러고 끝이더라고.
면담자	심사 과정에서 본인이 직접 자기 의견을 말하고 그런 기회는 없었나요?
공우영	그런 것도 없었어요. "그러면 심사위원들이 저거 한다"고 "안 된다"고, 그것도 "비밀리에 해야 된다" 그러더라고. 그러면 잠수 의사를 해가지고 우리가 아는 사람들 이렇게 해서 좀 요청을 해서 해가지고, 했는데 그걸 안 하더라고 해경에서.
면담자	그럼 잠수 전문의도.
공우영	아니 우리가 좀 아는 의사들 이렇게 해가지고 해서, 같이 해서 이 사람들 우리한테 [들어서 알게] 된 설명을 해줄 거 아니냐고. 근데 "심사위원에 넣어달라" 했더니 안 해주더라고.
면담자	그럼 혹시 이의신청 하신 분들은 계세요?
공우영	두 명인가 있을 거예요.
면담자	결과는 아직 안 나왔어요?

공우영   그거는 결과 나올라면 언제 나올지 모르지.

면담자   그럼 현재 이의신청 중이신 거죠? 두 분 정도는.

공우영   예. 이상진이하고 아마 조준이하고 아마 그거 한 거 같더라고.

면담자   이상진 잠수사님하고.

공우영   조준이.

면담자   조준희?

공우영   조준.

면담자   예, 그럼 병원비가 나오다 안 나오다 그랬는데요. 잠 깐 나올 때는 먼저 지불하고 청구하는 방식인가요?

공우영   아니, 아니. [지정] 병원에 가면은, 민간 잠수사라 그러 면 거기 해가지고. 그것도 다 되는 게 아니고 세월호에서 있으면서 거기서 저기 한 거만 되는 거야, 치료만.

면담자   근데 몸이 어떻게 그렇게 나눠서 아플 수가 있나요?

공우영   아니, 그러니깐 거기서 아, 아프지 않았던 사람은 안 해 주고. 나 같은 경우에도 처음에는 저기 뭐야, 귀 저거를 이렇게 했는 데 "된다" 그랬다가 또 나중에 "안 된다" 그러더라고 그게. 어떻게 무 슨 기준에다 하는지는 몰라, 그거를. 그러다가 나중에 "치료비 신청 하라" 그래서 내가 들어간 거 수술비하고, 아니 병원비하고 뭐 이렇게 했는데 또 그건 주더라고. 뭐에 기준인지 몰라요, 어떻게 되는 건지.

면담자   기준과 원칙이 불분명해 보이네요.

공우영   원칙도 없고 기준도 없는 것 같애요, 보면. 저이들 생각나는 대로, 민간업체에다가 위탁을 하는 건지 뭐, 어디 전화해도 이상한 데서 받고 그러더라고.

면담자   그럼 3개월 동안 배에 있으면서 누적된 것 때문에 사후에 문제가 생길 수도 있잖아요.

공우영   그렇죠. 그런 거는 반영이 안 된다니까.

면담자   그런 건 보상받기 어려운.

공우영   거기서 아파 가지고 뭐 나와서 디스크가 있어서 수술을 했다든가 저거 하고 그러면 그런 게 다 인정이 되는데, 거기서 저거 안 하면 안 돼요, 인정이.

면담자   중간에 보상이 나올 때는 근거를 말해주던가요?

공우영   없어요.

면담자   어떤 근거에 의해서 치료비 보상이 된다, 이런 식으로.

공우영   그거는 그때 당시에, "치료 중단 시기에 병원에 개인적으로 돈 쓴, 병원에[서] 치료한 돈은 그거를 신청을 하라" 그래서 한 번 한 적이 있거든. 그러고 나서는 지들이 "이제 병원에서 치료를 해준다"고 그래 가지고 그건 또 안…. 이상해요, 뭐 법이. 법인지 뭔지 좌우지간.

면담자   세월호특별법[4·16 세월호 참사 진상규명 및 안전사회 건

설 등을 위한 특별법] 지원 대상에도 안 들어 있는 거죠?

공우영   그거는 안 들어가 있을 거예요.

면담자   그거를 혹시 '들어가야 되겠다'라고 생각하신 적은 없
으세요?

공우영   우리는 그것까지는 생각을 몬 했죠. 특별법이 뭐 해
서, 우리 위해서 하는 게 아니고 세월호 희생자들에 한해서 하는 건
지 알고 있었기 때문에.

면담자   UN 인권 관련 규약이 좀 있는데요.

공우영   예.

면담자   그중에 이런 내용이 있어요. "인권 피해를 받는 사람
들을 구제, 구제하는 사람들이 겪는 피해에 대해서도 대상자로서 보
호해야 한다" 이런 내용이요.

공우영   우리나라는 그게 없잖아.

면담자   사실 이에 따르면 세월호 사건의 구조자, 수색 작업자
들도.

공우영   우리가 큰 피해자죠, 우리도 보면.

면담자   이에 대한 보호와 보상도 있었어야 하는데 말이죠.

공우영   누가 그거 물속에 들어가서 시신을 끌어안고 나오냐
고. 자기 가족들도 못 해요.

면담자   그럼 이후에 보상이나 치료 문제에 대해서 잠수사님들의 사정을 주로 이렇게 알리는 통로가 있었나요?

공우영   이후에는 인터넷도 하고 이렇게 하다가 알려지니까, 우리가 "이렇게 이렇게 아프다"고 저거 하는 걸 알려지니까 이제 여기저기서 관심을 갖고 그렇게. 인터넷도 하고 그래서 알려지고 그랬지, 그 전에는 그런 게 없었어요.

면담자   그럼 일부러 '인터뷰 같은 걸 통해서 계속 알려야 되겠다'라고 하게 된 계기가 있었나요?

공우영   내 재판 때문에 이제 그런 계기가 생긴 거지.

면담자   잠수사님의 재판을 계기로?

공우영   예, 재판 땜에. 재판이 뭐야 그거, 내가 그 재판 저기가 안 됐으면 아마 그것도 그냥 없었을 거야, 아마. 재판 때문에 '안 되겠다' 싶어 가지고 해경을 우리가 쫓겨난 거에 대해서 저거를 했지. 뭐야 그거, 회사에서 이렇게 쫓겨나면 하는….

면담자   해고.

공우영   예, 해고. 그거를 해가지고 한번 [재판에] 걸어서 저거 했었지. 그게 시작이 된 거지.

면담자   혹시 정치인이나 단체들 중에 잠수사님들을 도와준 곳이 있나요?

공우영   잠수사들 도와주는 사람들은 정치인 같은 경우에는 정청래 의원이 처음이[에] 이제 많이 우리한테 도와주다가 지금은 이제 국회의원이 안 돼가지고 저거 하고. 지금은, 그다음에 저기 박주민 의원, 그분이 거기서 또 해주다가 지금은 안 해, 다른 부서로 갔더라고. 그래 가지고 이, 이재정? 여자 의원 있어요, 더불어민주당 이재정 의원인가? 그쪽에서 안행부 소속이라고 해서 얼마 전에 가서 한번 그분 한번 보고 왔는데, 도와줄라고 많이 하더라고.

면담자　　　의원들 한 세 분 정도 만나셨는데.

공우영　　　예.

면담자　　　실제로 면담하거나 이러고 나면은 도움이 되는 것들이 있었나요?

공우영　　　도움은 박주민 의원이 물심양면으로 많이 저걸 해주고요, 발의도 하고 막 하는데 국회 통과가 돼야지 뭐.

면담자　　　그죠.

공우영　　　통과 안 되면 뭐 하나 마나고 그거. 단체 같은 경우에는 특조위에서 많이 우리를 도와줬고, '공감'이래는 거기 그 변호사 저거 하는.

면담자　　　공익 변호 활동하는 변호사 단체.

공우영　　　거기서 많이 도와줬지.

면담자　　　그럼 의원들, 특조위, 공감에서 도와준다는 게 어떤 식인 거예요?

공우영   우리를 자꾸만 알려주는 거지, 그 사람들이. 특조위 같은 경우에도 우리를 접해서 거기에 있던 얘기를 계속 듣고 하다 보니깐, 우리가 또 거기서 정혜신 박사도 소개시켜 줘가지고 아프고 하니까 치료도 하게 하고. 뭐 서울, 정혜신 박사를 통해서 서울시장도 만나보고.

면담자   서울시장도 만나셨었어요?

공우영   예, 만나서 서울시장이 또 무료로다가 "서울시립병원에서 해준다" 그래 가지고, 그래서 만나고 식사도 같이 하고 거기서 밥도 사주고…. 그런 사람들이 이제 처음에 시발점은 아마 공감에서 그렇게 했죠, 처음에는.

면담자   공익인권법재단 공감에서요?

공우영   예, 예. 공감에서 윤지영 변호사가 누구냐, 그 이광욱 씨 사망 사건에 대해서 변론을 했더라고요. 그래서 우리하고 이제 조인이 된 거지. "한번 보고 싶다", 어떻게 해서 이광욱 씨가 [어떻게] 사망하게 됐나, 그거를 만나서 얘기를 하다 보니까 한 번? 두 번? 그때 당시에 처음에 만나고 나중에는 이광욱 씨 모친하고 자제분들하고 해서 같이 만났어요.

면담자   잠수사님까지 같이요?

공우영   예, 우리 몇 명하고 같이. "그분들도 우리를 오해할 거 아니냐?"고 그래서 얘기하다 보니까 "우리도 이제 피해자다" 그렇게 인식을 한 거지, 윤지영 변호사가. 그래 가지고 특조위에 연락을 해가지고 해서 그렇게 자꾸만 퍼져나간 거지.

면담자   그 이전에는 좀 억울하긴 해도 '우리도 피해자다' 이런 생각은 없었나요?

공우영   그런 생각은 안 했죠. 우리가 무슨 뭐 '피해자다' 그런 생각은 안 하고 재판에 대해서만 나는 저거 했었지, 처음에는.

4
재판

면담자   그럼 재판 얘기를 해야 할 거 같아요. 2014년 8월 정부에서 잠수사님을 기소했죠. 12월에 1심에서 무죄가 나왔고요. 그럼 4개월이잖아요.

공우영   아니죠, 4개월이….

면담자   16개월인 거죠?

공우영   14년에서 15년도.

면담자   예, 15년 12월에 1심 무죄를 선고했는데요. 기소 사실을 처음 어떻게 알게 되셨어요?

공우영   아, 그것은 검찰청에서 연락이 왔더라고.

면담자   집으로.

공우영   집으로 문서가 와가지고 그래서 알았죠, 그래서. "검찰에 출두하라" 그래 가지고 갔죠, 그때 당시에.

면담자　그때는 기소장이 왔었나요? 아니면 참고인 조사로 왔던가요?

공우영　그거 저 피의자라고 하면서 "검찰이 조사할 게 있다"고.

면담자　아, 피의자 조사라고요.

공우영　예, 예, 왔어요. 갔더니 "고생하셨다"고 하면서 얘길 쭉 하더라고. 했는데 나중에 이제 공소장이 날아왔는데 그거하곤 또 틀리더라고. 내가 그렇게 얘기, 설명을 다 해주고 했는데도 틀리더라고. 그래서 그때 이제 변호사를 산 거죠, 그때 그래 가지고.

면담자　공소장이 집으로 날아오기 전까지는 이렇게 재판으로 갈 거라고 생각을 못 하셨죠?

공우영　그거는 생각을 몬 했지.

면담자　그때 담당 검사 기억나시나요?

공우영　심학식이라고.

면담자　혹시 어디 지검에서 기소했나요?

공우영　목포.

면담자　목포지검에서 1심?

공우영　광주지청 목포지검.

면담자　예. 그럼 그 당시에 가서 조사받으실 때는 주로 검사가 물어봤던 건 상황에 대한 거였나요?

공우영　상황에 대해서 물어보고 "어떻게 해서 했냐?" 그래서 그런 걸 물어봤는데 얘기를 다 해주고 "고생하셨다" 하면서 얘기하더라고. 그러더니 나중에 공소장에는 되도 않는 소리를 거기다 적어 놨더라고.

면담자　공소장 주요 내용들 기억나시는 대로 말씀해 주실 수 있을까요?

공우영　공소장의 첫 번째 원인이 "이광욱 잠수사가 유성수중개발 소속이다", 고담에 "혈압이 높은데 체크를 안 했다", 고담에 그 "현장을 내가 이탈을 했다", 고 다음에 "공기통을 착용을 안 시켰다", 또 뭐더라? 일곱 가진가 되거든요, 일곱 가진가 되더라고. 근데, 내가 의사도 아니고….

면담자　혈압 체크를.

공우영　"혈압 체크를 어떻게 하냐?"고. 저 사람이 내가 아픈 사람인지 첨 보는 사람을 내가 어떻게 아냐고. 내가 그럼, 내가 어디 아프다고 나한테 얘기하면 내가 알지만은 그 사람이 나한테 뭐, 처음 보는 사람이 내가 '혈압이 높아요?', '뭐 해요' 그걸 어떻게 아냐고, 내가. "충분하게 또 휴식을 안 시켜줘, 안 시켰다", 우리는 더 피곤한데? 그 사람보다, 그 사람들보다. "유성수중 우리 회사 소속이다"고? 아니 우리 회사 소속 직원이 없는데 왜 그럼 우리 소속이냐고. 가만히 앉아가지고 어디 해경이 수사과에서 기록을 한 거 보고 그렇게 했는지 그런 엉뚱한 소리를 하더라고.

면담자　　공소장은 집에서 우편으로 받으신 거죠?

공우영　　그죠, 우편으로 와서 받아본 거죠.

면담자　　그때가 몇 월쯤인가요?

공우영　　그때가 [2014년] 9월 달인가 아마 그렇게 됐을 거예요.

면담자　　받아보셨을 때 기분이 어떠셨어요?

공우영　　굉장히 불쾌하죠. 그렇게 와서 지들 해경, 정부 위해서, 국가를 위해서 그렇게 해줬는데 나한테 죄인을 만들고 다 덮어씌우니까. 그래 가지고 우리 같이 나온 민간 잠수사들한테 얘기를 했더마는 그때 이제 모였죠, 대전에.

면담자　　그래서 대전에서 모이셨던 거군요.

공우영　　대전에서 모이, 우리 이제 모임을 했어요. 그때 이제 7월 10일 날 그때 단체로, 25명인가 쫓겨나 가지고 "우리끼리 그럼 모임을 합시다" 그래 가지고 해서 모임을 한 거지.

면담자　　세월호 작업 하셨던 분들끼리 7월에 나와서 모임을 가지셨나요?

공우영　　그때 이제 처음 시작한 거죠, 그때.

면담자　　혹시 그 모임이 지금도 있나요?

공우영　　지금도 해요. 그래 가지고 모여서 변호사비가 많이 들어가고 어쩌고 하니까는 20만 원씩 이렇게 다 해가지고, 그래 가지고 변호사비를 동생들이 걷어가지고 그래 가지고 변호사를 샀죠.

면담자   그 당시 변호사는 일반 사설 법인에서?

공우영   예. 일반 사설인데 아는 사람 통해서 이렇게 했는데, 처음에는 500[만 원]인가 600을 달라 하더라고. 근데 나중에 300으로 깎었어요. 근데 이기면은 660, 지면은 330 그래 해가지고, 하기로 해가지고 저거 했죠, 그때.

면담자   변호사는 괜찮으셨어요? 그 변호사님은?

공우영   결론적으론 뭐 무죄 났으니까, 괜찮게.

면담자   그 변호사가 중간에 교체 없이 무죄 판결까지 쭉 가셨던 거네요.

공우영   교체할 수가 없지, 그거는.

면담자   이 당시에는 민변 쪽이나 공감 쪽에서 변호를 알아보실 생각을 못 하셨나요?

공우영   그때는 그건 우리는 몰랐죠. 변호사니 법원에 가보도 않은 사람이 뭐 어떻게 알아. 그래가 그때 이제 가족들이 "거기에 변호사를 소개시켜 준다"고 얘기를 하더라고.

면담자   유가족분들이요?

공우영   예, 예. 그래서 할라고 했는데 그때 당시에 또 이제 대리기사 패고 그러는 바람에 아이고 그 사람들, 자기들도 바쁜데 '내가 뭐 하러 그걸 하냐?' 직접 목포에서 아는 사람 통해서 한 거지.

면담자　　그럼 잠수사님의 기소 사실은 안산 유가족분들도 알고는 계셨네요.

공우영　　알고 있었는데 그때 당시에 접촉을 잘 안 했었죠 우리는, 가족들하고는.

면담자　　아는 분들만 아는 정도로.

공우영　　그렇죠, 모르죠 우리는. 누가 알고 있었는지는 모르고, 접촉을 잘 안 하니까.

면담자　　그러면 이게 실제 기소되고 이렇게 오래갈 줄은 그때 예상을 못 하셨던 거죠?

공우영　　어, 예상을 못 했죠. 그러다 이제 처음에 여기저기 얘기를 하고 하다 보니까 '대법까지 간다'고 생각을 하고 그리 한 거죠, 그때.

면담자　　그럼 재판 과정에서 목포지검으로는 몇 번 정도 나가셨어요?

공우영　　10번 넘게 간 거 같아요, 한 10번?

면담자　　1심 끝날 때까지 한 10번 정도.

공우영　　"계속 참석해야 된다" 그러더라고, 나만. 그래 가가지고 말도 한 마디 안 하고 있다 오고. 거기서 얘기, 근데 재판장, 재판장이라 하나 재판관이, 그 양반이 한동, 한동환 씬가 그런데[광주지법

목포지원 한종환 판사. 나한테 좀 미안한 그런 눈짓을 이렇게…. 가면
은 그런 거를 내가 느꼈어요.

면담자   검사는 계속.

공우영   검사도 바뀌더라고.

면담자   검사는 바뀌었나 봐요?

공우영   조사하는 검사가 있고 고 다음에 재판하는 검사가 있고.

면담자   예, 예.

공우영   재판하는 검사도 또 하다가 또 여자 검사로 바뀌더라고.

면담자   아, 검사가 몇 번 바뀌었네요?

공우영   네.

면담자   기소 내용은 재판 과정에서 변경이 되지 않았나요?

공우영   검사가 바뀌는 거지, 그러니까.

면담자   내용도 바뀌었나요?

공우영   아니, 내용은 안 바뀌지.

면담자   기소 내용은 그대로 가고 담당 검사들은 바뀌고.

공우영   공판검사라고 하더만, 얘기, 나는 몰르는데. 이게 뭐
야 그 검사, 저거 하는 검사가 있고, 고다음에 기소하는 검사가 있
고, 재판장에 가서 공판하는 공판검사가 따로 있더라고.

면담자   재판정에서도, 재판받으시면서도 원래 기소장 내용대

로 어쨌든 검사가 바뀌어도 계속 얘기를 하잖아요.

공우영   예.

면담자   '공우영 씨는 어쩌고저쩌고, 어쩌고저쩌고 이런 것 때문에 책임이 있다'.

공우영   그때는 전부 다 다 자기들은 내가 "책임이 있다"고 그런 식으로 얘기하는 거지.

면담자   재판 과정에서 주요하게 증인으로 오셨던 분들은 어떤 분들인가요?

공우영   증인이 이제 그 해경에서도 오고.

면담자   해경?

공우영   해경에서 두 명.

면담자   정부 측 증인 말씀하시는 거죠?

공우영   그렇죠. 이제 그거는 검사 측 증인이고, 해경 측에서. 검사 측에서 증인으로 한 사람도 다 아는 사람이고 나한테 불리한 얘기를 못 하죠, 다 아니까.

면담자   검사 측 증인들도 아는 분들.

공우영   다 아는 사람들이죠, 거기 다.

면담자   어떻게 아시게 된 분이에요?

공우영   다 같이 있던 사람이고, 선후배고 다 그런데.

면담자	세월호 수색하던 바지 위에.

공우영	예.

면담자　　　해경에 있는데 잠수하시는 분들이니까 선후배 관계이기도 하고?

공우영　　　그렇죠, 해경에 다 후배들이고 그러니까.

면담자　　　SSU 후배셨나요, 검사 측 증인도?

공우영　　　그렇죠, 나한테 불리한 얘기는….

면담자　　　그러면은 검사 측 증인도 기소 내용을 증언하진 못했던 거죠?

공우영　　　할 수가 없지. 또, 사실이 아니니까. 그러니깐 증인을 세우나 마나 그거는, 결론적으로.

면담자　　　그럼 혹시 잠수사님 쪽 증인은 누가?

공우영　　　우리 증인은 여기 뭐 광문이도 있고, 고 다음에 유성수중의 이대권도 있고, 언딘의 직원 김천일이도 있고. 많이 나왔어요, 증인들.

면담자　　　재판 때마다 목포에서 그래도 이렇게 몇 번씩 모임이 있었다고 들었는데요.

공우영　　　가면은 이제들 재판 날짜 잡히면, 거의 한 달에 한 번씩 재판하거든요. 그러면 모임 있는 사람들 와가지고 같이 식사하고, 재판 끝나고 나서 밥 먹고 해야지, 뭐.

면담자   재판이 이렇게 진행되면서 '그래도 이거는 무죄 나올 거다'라는 확신이 있으셨어요? 아니면 불안하셨어요?

공우영   확신은 내가 뭐 잘못한 건 없기 때문에 그거 가지고 뭐, 확신은 했어도 또 사람이라는 게 알 수 없잖아요.

면담자   특히 법이라는 게.

공우영   법이라는 뭐, 판사 뭐 자기들이 판결하기 나름이지. 우리가 그 사람들 알기를 해, 그 속성을 알어, 뭐를 알어. 그래서 하는 기간에는 판결 나기 전까지는 그래도 좀 불안했죠, 불안하기는.

면담자   일도 하셔야 하는데요, 일하는 중간에 재판 날짜가 걸리면요 어떻게 하셨어요?

공우영   가야 돼요.

면담자   그날 일은 어떻게 해요?

공우영   그날은 현장에 내가 있어도 되고 없어도 되고 애들한테 맡겨놓고…. 가야 돼요, 빠지면 안 돼.

면담자   재판 때문에 생업에 피해를 입으신 거는 없으세요?

공우영   그런 거는 많죠. 외국에 나갈래도, 선배들이 "일 좀 해 달라"고 외국 가야 되는데 뭐 여권도 안 되고 못 가고, 재판 땜에 갈 수가 없고 하니까는, 그런 게 많았죠.

면담자   그럼 1심 끝날 때까지 제일 많이 도움을 주신 분은 누구예요?

공우영 도움 준 사람들은 많죠. 처음에 SBS에서 '그것이 알고 싶다'인가 뭔가 좌우지간 거기에 보면 내가 인터넷 해가지고 거기 나왔어요. 근데 거기 피디인가 누구 조칸가 누구 여자가 "우리를 돕고 싶다" 그래 가지고, 나를 "돕고 싶다"고.

면담자 뭐 하는 분인데요? 아니면 직업이라도.

공우영 모르겠어요. 직업은 잘 몰르고. 카페를 해요. 카페 모임이 있더라고 '화장발'이라고. 거기서 뭐 "재판 비용을 좀 우리가 이렇게 걷었다"고 '화장발' 카페. "카페 모임에서 돈을 걷었다"고.

면담자 카페 이름이 '화장발'이에요?

공우영 예, 예. 화장발인데, "돈을 걷었다"고 하면서 한 600만 원 돈을 가까이를 걷어서 주더라구요. 그때 이제 처음 받은 거지. 그래서 '이걸 받아야 되나 말아야 되나', 그 기자한테 전화를 해봤지. 박원경 SBS 기자가 그런데, "아우, 받으셔도 된다"고 그러더라고. 그래서 내 이름으로 안 받고 우리 총무 통장으로 해서 받아가지고 그래서 재판 비용으로. 진짜 고마운 사람들이지. 그런 사람들은 많아요. 여기저기서도 이렇게 우리 후원도 해주고, 방송 나가면 얘기 듣고 다달이 10만 원씩, 5만 원씩, 만 원씩 해주는 사람들이 많더라고.

면담자 그렇게 후원해 주는 분들이 좀 있으세요?

공우영 예.

면담자 다행이네요, 진짜로요. 그럼 15년 1월에 쓰러지셨을 때 그맘때가 제일 스트레스가 심하셨을 때인가요?

공우영　　　그렇죠. 그때 당시에 증인을, 뭐야 저 "사실 증명을 하라" 그랬더니 엉뚱한 걸 해가지고. 자기들이 결재했을 거 아냐. 사인 다 났더라고, 해경 경비안전국장 이춘재가. 그래서 열받아 가지고 이춘재한테 전화해서 뭐라 그랬지.

면담자　　　1심이 무죄가 나고, 근데 검찰 측에서 다시 항소할 거를 예상하셨었던 거예요?

공우영　　　그렇죠. "항소는 다 8, 90프로는 한다" 그러더라고. 나중에 알아보니까, 판사 출신들도 있고 하니까, 아는 사람들이 이제, 어떻게 이러다 보니까 아는 사람들이 판사 출신도 있고 막 그래요, 검사 출신도 있고. 그래서 알아보니까 그러더라고.

면담자　　　그럼 검찰은 항소를 언제 했나요?

공우영　　　바로 끝나고.

면담자　　　끝나고 바로요?

공우영　　　이제 1심에서 끝나고 한 달인가 며칠, 일주일인가? 2준가, 1주일 안에 그걸 해야 돼요.

면담자　　　예, 예. 항소 기간이 있죠.

공우영　　　그래 가지고 항소했다고 또 통지가 오더라고.

면담자　　　집으로 서류가 다시 오고.

공우영　　　예.

면담자　　　그거는 좀 예상하고 계셨던.

공우영   그렇죠. 그래서 이제 1심에 돈이 많이 들어가니까 저거 해서 공감의 윤지영 변호사가 자기들처럼 일하는 광주의 이소아 변호사를 소개시켜 주더라고.

면담자   이소….

공우영   이소아.

면담자   이소아 변호사요?

공우영   예. 이소아 변호사를 소개시켜 줘가지고 백, 110만 원에, 이제 100만 원에 그걸[변론] 한 거지. 그래 가지고….

면담자   그분은 공감 변호사신 거예요?

공우영   그런 저거를 하는 거예요, 광주에서.

면담자   민변인지 아닌진 모르시죠?

공우영   민변일 거예요, 아마. 민변이 고런 봉사하는 변호산데 광주에서 그걸 하더라고.

면담자   그러면 2심은 이소아 변호사하고 최종 무죄 나올 때까지 쭉 같이 가셨나요?

공우영   예. 처음에는 이제 그때 1심, 2심 끝나고….

면담자   거의 한 10개월 정돈데.

공우영   2심은 이제 그때가 올, 작년, 작년 그때 언제야? 몇 월 달에 그걸 했는데.

면담자   무죄판결은 16년 10월이더라고요, 보니까.

공우영   예, 예. 10월 28일이니까, 그때 이제 한 몇 달 걸렸죠, 그것도. 재판정에 한 번, 두 번째 가서 판결이 났는데 그때 우리는 모르죠. 그 변호사하고 같이 대법까지 가는지를 몰르고. 오지원 변호사, 오지원 변호사지 지금? 특조위에 있던 오 과장한테 전화를 했더니 "변호사를 소개시킨다" 그러더라고. 근데 태평양인가? 어디 거기에 있는 백민 변호사를 소개시키더라고. 그래 가지고 "무료로 해준다"고 그러더라고 거기서.

면담자   네. 2심 때 말씀하시는 거죠?

공우영   아니, 아니 대법에서, 대법원 간 거를. (면담자 : 예, 예) 그래 가지고 "아, 그러면 좋다"고 그래서 서울 가서 만나고 얘기하고 다 해서 그걸 했는데, 이 양반이 "이소아 변호사가 같이 하면 어떻겠냐?"고 그래서 "아, 좋다"고. 나는 이제 거기서 끝나면 다 끝나는지 알고 그냥 얘기도 안 하고, 또 괜히 저거 하면 저렴하게 했는데 괜히 신세 질까 싶어서 얘기를 안 하고 특조위한테 얘기했더니 그렇게 소개시켜 줬더라고. 그래 가지고 "같이 했으면 어떠냐?", "아유, 그거 하시라"고. 그런데 이 사람이 또 요번에 절로 간 거야, 특검으로, 백민 변호사가. 그래 가지고 이소아 변호사가 "백민 변호사가 그걸 썼다"고, 쓴 거를 이제 보내, 보냈지.

면담자   2심은 1심이랑 좀 비슷하게 진행이 됐나요? 아니면 좀 달랐나요?

공우영   그거는 뭐 간단하더라고. 그렇게 큰 저기는 없고 두 번, 두 번 갔어요, 두 번, 광주 두 번.

면담자   검찰이 2심에서 공소 내용을 변경한 건 없었고요?

공우영   별 그런 것도 없었고 그냥 그거 가지고 상식적으로 그냥, 의무적으로 하는 거 모냥. 그런 식으로 기소장을 써서 가는 거 같더라고.

면담자   뭔가 더 치밀하게 가고 이런 건 아니고요?

공우영   증, 증거를, 증인을 대든가 뭘 해야 되는데 그런 게 없으니까.

면담자   추가 증인을 선임하는 건 없었어요?

공우영   없었어요. 증거나 증인을 채택을 해야 되는데 그게 없으니까 그냥 바로 끝나더라고.

면담자   2심이 이제 사실 한 3개월 전에 끝난 거잖아요? 10월 28일에 재판이 끝났으니까요.

공우영   그죠.

면담자   그럼 '3심까지도 갈 수 있다'라는 생각은?

공우영   그거는 이제 대법까지, 나는 이제 2심에서도 지들이 졌는데 대법까진 안 갈 줄 알았더니 그것도 대법까지 상고를 하더라고. 그래 가지고 그것도 상고도 금방, 빨리했어요. "보통 한 몇 개월 걸린다" 하더라고. 근데 그거는 빨리하더라고.

면담자   그럼 상고가 기각돼서 완전히 재판이 딱 끝난 게 언제
인가요?

공우영   올[2017년] 1월 12일 날.

면담자   1월 12일이요? 1월 12일에 "완전히 그게 기각됐다"고
연락이 왔어요?

공우영   연락 온 게 아니고, 집에 뭐 왔는가 그건 몰르고 "재판
날짜가 잡혔다"고 떠요. 내가 휴대폰에다 해서 수시로 그걸 보거든.
"재판 날짜가 잡혔다"고 하면서 뜨더라고. 그래서, 나는 못 가고 복
진오라고 그 [다큐멘터리] PD, 걔한테 "좀 가라. 너 갔다 와라" 그래서
걔가, 10시에 했는데, 가가지고 전화가 왔더라고, "기각됐다"고.

면담자   그때 현장에 계실 때 연락받으신 거예요?

공우영   그때 여기서 제주도에 있었고, 내가 갈래다가 안 갔
지, 그때.

면담자   그거는 기각될 거라고 예상을 하셨나요?

공우영   예상은 했고, 그 변호사나 다른 사람들이 이렇게 빨리
하면은 "저거는 거의 다 기각된다" 하더라고, "바꿔질 일은 없다"고.

면담자   결국에 기소 때부터 올해 1월까지 거의 2년 6개월?
5개월, 6개월을 법정투쟁을 하신 건데 사실 이렇게 길게 하실 줄은
몰랐었죠?

공우영   그렇죠, 금방 끝나는 줄 알았죠. 지금도 이렇게 보면

은 재판들 금방금방 하잖아요. 근데 이거는 뭐 허는지, 막 엄청 시간이 걸리더라고.

면담자　　　　그러면 한 2년 반 정도 동안 재판을, 국가로부터 소송 걸리면서 받았던 여러 가지 피해가 있을 텐데 거기에 대해서는 뭐 어떻게 보상을 요청할 계획 같은 게 있으신가요?

공우영　　　　그거는 이제 해야 되는데, 그거 뭐 "그렇게 큰돈이 안 나온다"더라고. 뭐 한 많이 나오면 450? 한 100몇십만 원에서 450[만 원] 나온다 하더라고.

면담자　　　　그럼 현재는 소송 계획이 없으신 거예요?

공우영　　　　소송을 하든가 명예 회복을 하든가 뭘 해야지 지금. 그러면 가족들이 얘기해서 일단 지금 판결문을 내가 보내줬는데.

면담자　　　　지금 준비 중이신 거예요? 아니면?

공우영　　　　준비 이제 하고 나가서 또 만나봐야죠, 가서. 제주도에 있으니까 뭐 왔다 갔다 하기도 그렇고 그래 가지고.

면담자　　　　재판하는 동안에 가족분들도 마음고생 많이 하셨겠어요?

공우영　　　　고생들은 했죠, 내색은 안 해도. 내색은 뭐 애들이고 집사람이고….

면담자　　　　아무 내색 안 하셔도 집 안에서….

공우영　　　　날 위해서 뭐 절에 다니니까 기도도 하고, 스님들도 기도해 주시고 하고 그러니까는, 여러 사람들이 신경을 많이 썼죠. 신랑이 재판받는데 마음이 오죽하겠어요.

면담자   하나 또 조금 어려운 질문을 드리려고 하는데요. 김관홍 잠수사님 관련해서요.

공우영   예.

면담자   김 잠수사님과 원래 잘 아는 사이셨나요?

공우영   아니에요.

면담자   그런 건 아니에요?

공우영   거기서 처음, 거기서 처음 알았어요, 세월호에서.

면담자   아, 거기서 처음 만나신 거예요?

공우영   예.

면담자   그럼 김 잠수사님 같은 경우는 같이 일해보신 적도 없으시고 그 전에.

공우영   예, 거기서 처음 봤어요.

면담자   김 잠수사님은 어디 출신이세요?

공우영   글쎄 모르겠네. 공수부대라고 그러나? 어딘가 내가 확실히는 모르겠네.

면담자   그러면 아까 2014년 7월 이후에 잠수사 모임이 있다 하셨는데, 거기에선 계속 만나셨던 거죠?

공우영   그렇죠, 다 같이하니까.

면담자   김 잠수사님이 돌아가실 때에 뭐 징후를 느끼셨는지, 아니면 잠수사님들도 갑작스러웠던 건지.

공우영   글쎄, 그거는 우리는 그 징후를 모르죠. 그거를 나도 문자로다가 가족한테 문자를 받았거든요. 문자 받아서 "관홍이가 약 먹었다"고 하면서 "죽었다"고 그러면서 별안간에 연락이 와가지고 그래서 알아보니까는 "죽었다" 그러더라고. 〈비공개〉

면담자   같이 세월호 바다에서 작업하셨던 분들 중에 나오셔서 돌아가신 분들이 생기면 같이 작업하셨던 분들이 타격을 받을 거 같은데요. 좀 어떠세요?

공우영   마음이 안 좋죠, 그거는. 같이 고생했던 동생들인데 마음이 안 좋죠. 끝까지 같이 잘돼서 이렇게, 아퍼서 죽으면 모르는데 그것도 아니고. 자의에, 자의나 타의를 뭐 해서 했건 간에 자기가 이렇게 죽는다는 거는 안타깝죠. 나는 욕도 많이 했어요 걔한테, 관홍이한테. 애들 생각하면 살아야 되는데 "이 새끼, 지 혼자 편하자고 죽었다"고 내가 하면서 욕까지 내가 하고 그랬는데. 애들이 불쌍하죠. 근데 뭐 산 사람들은 살지만은 오죽하면 죽었어요, 죽는 사람들은.

면담자   지금 김 잠수사님 사모님이 꽃집 하시잖아요.

공우영   예.

면담자   저는 김 잠수사님 소식 듣고 걱정됐던 게요, 아까 말씀하신 것처럼 일을 못 하는 분들이 지금 계시잖아요.

공우영   예.

면담자   그런 분들의 타격이라든가, 왜냐면 김 잠수사님도 일을 못 하셨고 그걸로 생활고도 있으셨고.

공우영   그렇죠. 가장이 돈 벌다가 돈 못 벌으면은 남자 구실이 돼요? 안 되지. 그니까는 책임감도 무겁고 하니까는.

면담자   장례식장은 다녀오신?

공우영   거기 장사 지내고 바로 거기서 계속 있었죠, 가가지고. 뭐 한 3일인가 4일 있다가, 3일인가 있었구나, 장사 지내고.

면담자   주변 잠수사분들 모임에서는 김 잠수사님 얘기 나오면은 어떤 얘기들을 하시나요?

공우영   그렇죠, 욕하는 사람들도 있고 또 불쌍하다는 사람들도 있고 그렇지. 애들, 애들 땜에 애들, "지 혼자 편하자고 간다"고 욕하는 사람도 있고.

면담자   그럼 일부러 모임에서 이 이야기를 하거나 일부러 안하는 건 아니죠?

공우영   그런 건 아니죠. 거기 다 큰 사람들이고 나이 먹은 사람들인데.

5
세월호 이후의 삶

면담자　　　알겠습니다. 그러면요 이제 슬슬 전체적으로 정리하는 질문들이 남았는데요. 그럼 결국에 세월호 사건 이후에, 3년이 넘는 시간인데요. 잠수사님을 가장 피곤하게 만들었던 사건, 힘들었던 사건은 무엇이었나요?

공우영　　　재판, 재판이죠, 나한테는.

면담자　　　재판.

공우영　　　예, 예. 몸을 아프고 저런 걸 떠나서 재판 때문에 많이 시달렸죠. 그래 가지고 일도 제대로 못 하고 하니까 아들이 벌어오는 거 갖고 이제 먹고살고 그런 것도 있고.

면담자　　　아드님이 경제력이 있으신가 봐요?

공우영　　　걔가 뭐 한 300 이상 버니까. 지 장가도 가야 되는데 이제, 애비 잘못 만나서 지도 고생이지.

면담자　　　실례지만 혹시 아드님 연배랑 직업을 알 수 있을까요?

공우영　　　35살인가? 그리고 중소기업, 무슨 전자제품 하는 그런 중소기업에 다니는.

면담자　　　예. 그럼 재판과 함께 경제적인 문제도 있으셨나 봐요.

공우영　　　그죠. 경제적인 것도 뭐, 회사가 잘 돌아가야 그것도 경제적으로 괜찮지만은 회사는 회사대로 일 없고. 회사 일이 없는데 거기서 뭐 어떻게 저걸 해요.

면담자 　　　어제 유성수중개발 대표가 후배라고 하셨던 거 같은데.

공우영 　　　예.

면담자 　　　그분이랑은, 사실 그분은 직접 세월호 바지에 올라갔던 분은 아닌 거죠?

공우영 　　　아니 이제 왔다가 가고, 왔다 가고 그랬어요, 몇 번 내려왔다 올라가고.

면담자 　　　유성수중개발 대표님은 현직으로 잠수하는 분은 아닌 거죠?

공우영 　　　잠수는 이제 안 하죠, 나이가 있으니까.

면담자 　　　후배분이지만 회사 대표 입장에서는 일을 해야 하는데 세월호를 계기로 일이 많이 어려워졌잖아요.

공우영 　　　회사 대표도 원래 둘이 같이 동업을 했어요. 같이 동업을 해가지고, 이름만 걔가 대표로 하고 같이 하는 건데, 그런 거는 안 따지죠. 그리고 이제 회사에서 우리 챔버도 갖고 오고 그거 했기 때문에, 우리는, 회사는 회사대로 안 좋고 나는 나대로 또 안 좋고 그리 된 거지.

면담자 　　　그럼 지난 3년 반 동안 재판에 스트레스에, 이럴 땐 제대로 쉬자 해서 여행 다녀오신 거나 그런 적 있나요?

공우영 여행은 그때 아들이 뭐야, 환갑 여행을 외국으로다 보내준다고 그래서….

면담자 재작년이셨겠네요, 환갑이면.

공우영 예. 그리고 마누라도 나하고 1살 차이 나니까. 그래서 여권을 만들라 했더니 "여권이 안 된다" 하더라고.

면담자 재판 때문에요?

공우영 예. 그래 가지고 이제 외국 여행을 못 가고 제주도 그때 와서 2박 3일 와서 놀다 가고. 놀러 와도 마음은 편해요? 편하지도 않지 뭐. 내가 돈을 벌어야 되는데 돈 벌지도 못하지 그러니까.

면담자 아드님이 벌어서 해주시면 되죠.

공우영 아직은 내가 젊으니까 그래도 애들한테 저거 해서 피해 주는 거 같애 가지고 애들한테 미안하죠.

면담자 그때 해외에 못 나가서서 또 화나셨겠네요.

공우영 스트레스받죠. 그래서 어떤 때는 생각할 때 '이 시발 놈들, 내가 죽으면 이 재판이 끝날라나' 그런 생각도 들고 그러더라고, 그때, 너무 오래가니까.

면담자 그래도 이제 재판이 다 끝났네요.

공우영 그게 한 3년 보내버렸어.

면담자 그쵸.

공우영　　그러니까 3년이란 세월이 길면 긴데….

면담자　　저도 부모님 환갑이 비슷해서요. 처음 해외를 나갔거든요 부모님하고요, 여권도 그때 처음 만드시고.

공우영　　나는 외국에는 그 전에 뭐 많이, 여권은 해서 일 땜에 나가고, 갔다 오고 그랬는데.

면담자　　재판 끝났는데 한번 갔다 오시죠, 아드님하고.

공우영　　이제 일해야죠. 나이도 있고 한데 일을 해야죠.

면담자　　그래도 생신쯤 해서, 재판도 끝났고 한번 사모님하고 아드님하고 맘 편하게….

공우영　　엊그저께 왔다 갔어요, 며칠 전에, 제주도에.

면담자　　사모님하고 아드님 왔다 가셨어요?

공우영　　아들하고 딸하고 같이.

면담자　　여기 제주도에 왔다 가셨어요?

공우영　　네. 한 이틀, 2박 3일 왔다 갔지.

면담자　　그럼 일하다가 잠깐 같이 보내셨겠네요.

공우영　　그쵸. 여기 제주도에 있으니까, 그때 뭐 날씨가 안 좋아서 일도 잘 안되고 그러니까는 와가지고.

면담자　　세월호 사건 이후에 가족분들, 친구분들 이것 때문에 트러블 겪거나 이런 건 없으셨나요?

공우영   없어요. 고향 친구들 재판할 때도 몇 명 와서, 한 번 오고 수시로 문자 들어오고 그래요, 고향 친구들.

면담자   문자 내용들은 어떻게?

공우영   "고생한다", 어떤 때 방송 보고 나서 저거 하면 "고생한다" 이러지.

면담자   방송 보고 연락 많이들 해오죠?

공우영   방송 보고 모르는 애들, 동기 애들도 전화 오는 사람이 있고 친구들도 전화 오고.

면담자   혹시 그중에 '뭐 하러 거기 가서' 이런 얘기하는 분들은 없던가요?

공우영   이제 내 직업을 아니까, 옛날에 백령도 천안함 한 것도 알고 하니까, 그런 얘긴 안 하죠. 지들은 보면은 친구들이 그런 데 가서 하면은 지들은 자랑스럽겠지. '내 친구가 그런 데 가서 이렇게 하는 사람이다' 그러면.

면담자   가족분들은요? 그때 거기 괜히 갔다고 하신다거나.

공우영   그런 얘기는 안 하죠, 내가 뭐 알아서 판단하고 하는데. 안 갔으면 해도 또 할 수 있는 게, 우리가 할 수 있는 게 그거 바다에서 일하는 것밖에 없잖아요, 그런 게. 그러니까는 말리지는 몬 하지.

면담자   그럼 잠수사님은 2014년 4월 이후부터 지금까지 돌이

켜보면서 '이건 좀 아쉽다. 후회된다' 그런 지점이 있나요?

공우영   글쎄요, 크게 후회되는 거는 없고. 아쉬운 거는 진실이 안 밝혀지는 거, 거기다가 잠수사들 동생들이 아픈데 정부에서 이렇게 좀 제대로 된 보상을 해주든 치료를 제대로 해주든, 그런 게 좀 아쉽고 그렇죠.

면담자   진실이 안 밝혀지는 건 세월호 사건에 대한 진실이 안 밝혀지는 것 말씀하시는 거죠?

공우영   예.

면담자   그럼 반대로 지금까지 과정 중에서 '이것 덕분에 힘난다. 그래도 버텼다' 이런 게 있으시나요?

공우영   크게 뭐 힘 되는 거는 여러 사람들이 도와주고 신경 써주니까. '내 혼자가 아니고 진짜 우리나라 좋은 사람 아직도 많구나'. 같이 있던 동료들 힘이 되고, 가족들도 힘이 되고 그러죠.

면담자   SSU 전우회에서도 모임이 있잖아요, 서울에서도 모임이 있고. 전우회에서도 '힘내라' 이런 얘기 많이 들으셨어요?

공우영   걱정해 주죠. 선배들이고 후배들이고 문자도 오고 "고생 많이 하셨다" 하면서. 외국에 있는 선배들도 전화 오고 문자 오고, "고생했다"고 하면서.

면담자   '화장발' 카페는요? 이름이 맞나요?

공우영   아, '화장발'.

면담자   그런 경험, 내가 생각지도 못했는데 들어오는 도움이 랄까, 사람이랄까, 이런 것도 있나요?

공우영   무슨 기독교연합인가? 그런 데서도 그때 200만 원인 가 얼마 주고, 관홍이 거기에 100만 원 주고. 통장을 안 봐서 모르는 데 계속 이렇게 또 꾸준하게 다달이 10만 원씩 이렇게 주는 사람도 있고 그러더라고.

면담자   그런 게 실제 생활에 도움이 되었나요?

공우영   내가 개인적으로 쓰는 돈이 아니고, 그거는 이제 우리 회의 회비.

면담자   아, 잠수사 모임의 재정이네요.

공우영   그걸 내 개인적으로 쓰면 안 되지.

면담자   아, 잠수사님 개인이 아니고 모임 통장으로 넣어주시 는 거예요?

공우영   예, 예. 개인적으로 쓰면 안 되지, 그거를. 나한테 온 다 그러는 거 아니고, 나한테서도 오지만은 다른 사람들한테도 하기 때문에 잠수사들이, 민간 잠수사들이 통틀어서 아프고 저거 하고 하 니까 그런 거에 대해서 후원해 주는 거지, 나만 보고 후원해 주는 건 아니잖아요. 그래서 이제 우리 통장에서 그렇게 관리하죠.

면담자   그럼 후원이 잠수사님들 모임, 그 당시 피해에 도움이 되는 편이에요?

공우영　　　도움은 좀 되죠. 우리 뭐야 그거, 재판에 비용도 대고 4·16연대[4월16일의 약속 국민연대] 거기에서도 돈이, 재판 비용 해가 그때 700 얼마 이렇게 주고, 도움이 많이 되죠. 우리 돌아다니면서 재판받을라면 밥도 먹어야 되고….

면담자　　　그렇죠.

공우영　　　왔다 갔다 교통비 쓰고 하는 데 도움은 많이 되죠. 나 혼자만 밥 먹는 건 아니니까. 처음에는 내가 내 돈으로다가 밥 사주고 막 그랬지, 처음에는.

면담자　　　그럼 세월호 참사를 계기로 이전의 공우영, 이후의 공우영의 삶의 변화랄까 그런 게 있을까요?

공우영　　　이전에는 그냥 평범했죠. 그냥 평범하고 어디 현장에 가서 일만 하고 하다가 4·16 세월호 갔다 오고 나서는 또 아는 사람도 많고 뭔가를 내 자신을, 자신하고 가족들을 위해서, 거기서 이렇게 다른 사람 대신해서 해준 자부심? 그런 거는 느끼죠.

면담자　　　분명한 자부심을 가슴에 딱 품고….

공우영　　　그거는 우리들 아니면 못 하잖아요. 그래도 잠수하는 사람들 중에서도 다 들어갈 수 있는 건 아니잖아요.

면담자　　　예, 그렇죠.

공우영　　　일부분인데, 사람 몇백 명씩 온다 해서 그 사람들이 다 들어갈 수 있는 건 아니거든.

면담자   수많은 잠수사 중에서도 '우리였으니까 할 수 있었다' 이런 자부심인 거죠?

공우영   그때 당시에 그런 팀웍[팀워크]이 맞은 거죠.

면담자   아, 그때 팀워크가 좋았다고.

공우영   왜냐하면 그중에서도 잘하는 사람이 있고 못하는 사람이 있고, 이 사람이 못하면 또 다른 사람이 고걸 커버해 주고 하기 때문에, 그런 거에 대해서 자부심이고. 또 나, 내가 얘기하는 걸 잘 받아들여서 따라주는 데 대해서 진짜 굉장히 고마운 거죠. 그리 안 했으면, 오합지졸 왔으면 사고 많이 났어요, 그건. 엄청 위험하지.

면담자   그때 같이 작업했던 후배님들한테도 고마우시겠네요?

공우영   그렇죠. 큰 진짜 뭐, 이광욱 잠수사는 어떻게 보면은 우리가 부른 사람 같았으면 내가 책임감을 좀 많이 저거 하는데, 정부에서 불렀기 때문에 그날, 그래도 미안하지만은 그때 좀 저기가 되더라고.

면담자   아까 진상 규명이 잘 안돼서 아쉽다고 하셨는데요.

공우영   예.

면담자   진상 규명이 잠수사님한테 어떤 의미고 그걸 굳이, 왜 진상 규명이 됐으면 좋겠는 건지 여쭤봐도 될까요?

공우영   저도 바다에서 일하는 사람이고, 배도 그 전에 뭐, 해군에서 배도 타고 했던 사람인데, 그 큰 배가 갑작스럽게 가라앉았다는 게 그게 나는 이해가 안 가죠.

면담자 　 상황 자체가 이해가 안 되는 거네요.

공우영 　 예. 그리고 사람이 많이 죽은, 많이 죽은 첫째 책임은 선장이 잘못해서 그렇게 나는 판단하고 있지만은, 왜 그래야 됐는지 도대체 그걸 난 이해가 안 가요. 나는 군대에서 이렇게 배를 타보고 저거 했던 사람인데, '내가 선장이었으면 거의 다 살리지 않았나' 그런 생각도 들더라고. 꼭 건져서 그거를 진, 진실을 밝혀야 되지 않나.

면담자 　 바다에서 평생 일하셨던 분 입장에서도 이 사고 자체가 이해할 수 없으신 거죠?

공우영 　 그렇죠.

면담자 　 사고라는 게 분명히 있다고 생각하시는 건가요?

공우영 　 갑자기 갖다가 배가 거꾸러지고 틀어서 넘어가냐고.

면담자 　 그건 어떻게 생각하세요? 배가 넘어가는 순간에도 안에 있던 사람들이 탈출을 거의 못 했잖아요.

공우영 　 그러니까, 그거 배 안에서 "가만있으라" 그랬잖아. (면담자 : 예) 방송만 '구명조끼를 입고 높은 데로, 뭐 왼쪽으로 기울으면 오른쪽으로 다 해서 높은 데로 올라가라' 그럼 다 살아요, 그러면, 바다에만 뛰어내리면. 근데 그 많은 사람을 다 "가만히 있으라" 그러니까, 방송이 나오더만 방송이. 사람 죽이는 거지, 그냥. 그래서 그게 진짜 안타깝더라고. 젊은, 젊은 사람들이, 수많은 사람들 한두 명도 아니고.

면담자   앞으로 진상 규명이 될 거라고는 보고 계신가요? 아니면 쉽지 않겠다고 보시나요.

공우영   진상 규명은 힘들 것 같애요, 내가 볼 때는. 저렇게 다 망가뜨려 놓고 배를, 배를 건진다 해서 그거 진실이 밝혀지겠어요? 진실을 아는 놈들은 다 입 다물고 있는데.

면담자   배가 인양이 되도 쉽지는 않을 거라고 보시는 거죠?

공우영   정권을 바꾸어도 아마 좀 힘들지 않나 싶은 생각이….

면담자   혹시 인양 작업 관련해서 연락이 오거나 하면 참여할 생각은 있으세요?

공우영   인양은…. 근데 우리, 우리나라 기술력으로 해서 건지면 건지겠지만은. 겁나요, 내가 알면 알수록 겁난다고. 그런 데는 조류도 세고.

면담자   그 환경이요?

공우영   예.

면담자   그 세월호가 있는 환경이.

공우영   세월호 있는 환경, 우리는 몇 개월 동안 내가 거기서 몸으로 느꼈기 때문에 그걸 아는 사람은 알수록 겁이 나죠.

면담자   위험한 것 때문에 그러시는 거죠?

공우영   예. 위험도 하고 그게 또 조류도 하도 세고 하니까는 인양할라면 굉장히 힘든 작업인데 우리도 거기 같이 참여를 할라고 했어요, 했는데 떨어졌지. 엔터샐비지하고 해가지고 같이 할라 그랬는데.

면담자   예. 이제 2차 인터뷰 질문을 다 드렸는데요. 혹시 더 남기고 싶은 말씀이 있으실까요?

공우영   남기고 싶은 거는, 이런 일이 두 번 다시는 없어야 되겠죠. 없어야 될라면 정부 차원에서 그거를 세밀하게 해가지고 계획을 잡아서 진실 밝힐 건 밝히고, 두 번 다시 이런 일이 안 일어나게끔 교육도 시키고, 그런 매뉴얼도 만들고, 정부에서 그거를 정치적으로 따지지 말고 국민을 위해서 그거를 해줬으면 하는 바람이죠.

면담자   예, 꼭 바람대로 잘됐으면 좋겠습니다. 인터뷰는 이걸로 마치도록 하겠습니다.

공우영   고생했습니다.

4·16구술증언록 잠수사 제3권

그날을 말하다 잠수사 공우영

ⓒ 4·16기억저장소, 2020

기획 편집 4·16기억저장소 ┃ **지원 협조** (사)4·16세월호참사가족협의회
펴낸이 김종수 ┃ **펴낸곳** 한울엠플러스(주)
초판 1쇄 인쇄 2020년 4월 1일 ┃ **초판 1쇄 발행** 2020년 4월 16일
주소 10881 경기도 파주시 광인사길 153 한울시소빌딩 3층
전화 031-955-0655 ┃ **팩스** 031-955-0656 ┃ **홈페이지** www.hanulmplus.kr
등록번호 제406-2015-000143호

Printed in Korea.
ISBN 978-89-460-6791-2 04300
      978-89-460-6801-8 (세트)
* 책값은 겉표지에 표시되어 있습니다.